A Erick,
por convertir cualquier parte
del mundo en mi hogar.

A mi abuela, por los mates que me llevaron a este libro.

"You have to give them hope"
Harvey Milk[1]

"It will change if you believe it will change,
and you work for it.
That's my philosophy"

Michael Chanak Jr.[2]

---

1 Harvey Bernard Milk (1930-1978) fue un político y activista estadounidense, y el primer hombre abiertamente homosexual en ser elegido para un cargo público en los Estados Unidos, como miembro de la Junta de Supervisores de San Francisco en 1977. El 27 de noviembre de 1978, Milk y el alcalde George Moscone fueron asesinados por Dan White, otro supervisor de la ciudad que había dimitido y quería recuperar su cargo.

2 Michael Chanak Jr. es un activista que comenzó a trabajar para Procter & Gamble (P&G) a mediados de la década de 1980. Luchó durante años para que la empresa agregara una cláusula a la política de igualdad de oportunidades de empleo que protegía los derechos de las personas homosexuales contra la discriminación en el lugar de trabajo.

Fotografías: Mónica Echaverri
Edición: Juan Soto
Administración: Aurum Books 79, Aleyso Bridger, Ricardo A. Mejía y Anly Calderón

Diseño por DEKA Innovación SAS - Eduar Alexander Colorado López, Robinson Ospina y Pablo Soler

La oficina de **speakers** de Aurum Books 79 puede presentar autores en cualquiera de sus eventos en vivo. Para obtener más información o hacer una reservación para su evento escriba a info@aurumbooks.com

Aurum Books 79

Síguenos
IG @aurumbooks

Sigue a Diego Tomasino
IG @diegotomasino

COPYRIGHTS

DIEGO
TOMASINO

Diego Tomasino, coach ejecutivo especializado en diversidad empresarial, es fundador de CoachMap y director regional de Casin & Asociados.

Nacido en Quilmes, Argentina, Diego comenzó su carrera en la industria de la Consultoría Financiera lo que le dio la oportunidad de vivir en Panamá y posteriormente en Miami, liderando proyectos en distintos países de Latinoamérica.

En paralelo a su carrera de contador público (Universidad de Buenos Aires, UBA), y luego de obtener su MBA en Florida International University (FIU), logró encontrar su pasión al certificarse como coach ejecutivo.

Actualmente, forma parte de la Fundación Convive Panamá, desarrollando el área de Diversidad Empresarial por medio de la expansión de la red PrideConnection. Entre sus logros se destaca la exitosa ejecución del "Congreso de Prácticas Ejemplares", en Panamá, desde el 2017; siendo este el primer congreso de naturaleza LGBTQ+ en el país.

Diego es miembro activo de los Global Shapers (World Economic Forum), impulsando varios proyectos en pro de la igualdad de género y derechos en la región, y cofundador del capítulo de F*ckup Nights, en Miami.

ÍNDICE

PRÓLOGO

PAG 9

INTRODUCCIÓN

PAG 15

CAPÍTULO **1**

CAPITAL INTELECTUAL:
EL TALENTO HUMANO ES EL
ACTIVO MÁS IMPORTANTE EN
LA ERA DEL CONOCIMIENTO

PAG 23

1.a. Cultura organizacional y
retención de talentos

PAG 24

1.b. Definición de capital
intelectual

PAG 27

1.c. Los "nuevos" talentos

PAG 30

1.d. La economía del
conocimiento en un contexto
VUCA

PAG 34

1.e Cultura del aprendizaje
en un mundo diverso

PAG 36

CAPÍTULO **2**

ORGANIZACIÓN INCLUSIVA:
CONSTRUYENDO UN
AMBIENTE DE DIVERSIDAD,
EQUIDAD E INCLUSIÓN

PAG 43

2.a. Creación de un
ambiente inclusivo

PAG 45

2.b. Organización inclusiva y
gestión de la diversidad

PAG 47

2.c.Beneficios para la
organización y los individuos

PAG 51

2.d. Creación de un
ambiente diverso

PAG 57

2.e. El lenguaje inclusivo en
las organizaciones

PAG 67

CAPÍTULO **3**

MEJORES PRÁCTICAS:
CREANDO UNA CULTURA
INCLUSIVA PARA GENERAR
UN MEJOR AMBIENTE

PAG 79

3.a. Son clave los Grupos de
recursos para empleados
(ERG)

PAG 80

3.b. Ejemplos de ERG

PAG 84

3.d. Etapas para formalizar
un ambiente inclusivo

PAG 89

CAPÍTULO **4**

PARÁMETROS DE MEDICIÓN:
DESCUBRIENDO LAS
HERRAMIENTAS PARA
ALCANZAR EL ÉXITO EN UN
AMBIENTE DIVERSO
PAG 103
4.a. El gerente de diversidad
para el crecimiento
adecuado es fundamental
PAG 104
4.b. Es necesario el
compromiso de la alta
gerencia
PAG 106
4.c. Cómo saber que nuestra
empresa es diversa e
inclusiva
PAG 110
4.d. Guía práctica para
medir la diversidad e
inclusión en tu organización
PAG 115

CAPÍTULO **5**

ACCIÓN EJECUTIVA:
EDUCANDO A LOS LÍDERES
PARA CONVERTIRLOS EN
COACHES EJECUTIVOS
PAG 121
5.a. Definiendo el Coaching
PAG 122
5.b. El líder coach o coaching
ejecutivo
PAG 124
5.c. Modelando el cambio
inclusivo
PAG 127
5.d. La importancia de las
preguntas poderosas durante
el coaching
PAG 131
5.e. Definiendo objetivos
alcanzables
PAG 137
5.f. Manejo de creencias
PAG 143

CAPÍTULO **6**

PUESTA EN MARCHA:
DEFINIENDO E
IMPLEMENTANDO LA 'RUTINA
INCLUSIVA'
PAG 149
6.a. El líder coach en acción
PAG 150
6.b. Comenzando el proceso
de coaching en diversidad e
inclusión
PAG 152
6.c. Capacidades emocionales,
escucha activa y autodesarrollo
PAG 158
6.d. Afianzando el cambio
inclusivo
PAG 165

CONCLUSIONES
PAG 175

BIBLIOGRAFÍA
PAG 181

GLOSARIO
PAG 187

AGRADECIMIENTOS
PAG 193

PRÓLOGO

A mediados del año 2017, recibimos un correo de un argentino viviendo en Panamá que nos contaba que estaba organizando junto a la fundación Convive, el primer congreso de prácticas ejemplares de diversidad empresarial en ese país, y que quería coordinar con nosotros una reunión. Era una idea completamente disruptiva para un país dominado por tendencias conservadoras. Quería saber cómo funcionaba nuestra Cámara y poder replicar algunas prácticas en Centroamérica. La idea era en ese momento solo un proyecto, pero a los pocos meses ese congreso se concretó con éxito en aquel país, y contó con más de 200 personas participando.

Un año después, Diego estaba representando a Panamá en nuestro evento anual de GNETWORK360, el evento de marketing y turismo LGBTQ más grande de América Latina, presentando el proyecto de "Ciudades Aliadas en el orgullo LGBTQ", y compartiendo la situación de la comunidad LGBTQ en Centroamérica.

Diego Tomasino se animó además a salir del clóset en un ámbito empresarial y mostrar él mismo, que es posible encontrar el equilibrio entre nuestra vida personal y el éxito en nuestra carrera profesional. Se animó a mostrar sus propios colores y sentirse orgulloso de su propia individualidad.

Si hay algo que nos define a todas y a todos, es justamente eso, nuestra propia individualidad, y sentirnos libres de poder ser quienes verdaderamente somos, sin restricciones. Pero para muchas personas ese mismo factor es el que termina exponiéndolas a la discriminación. Y el impacto a nivel personal que resulta del hecho de haber sido excluido o excluida es muy fuerte, y no solo de manera individual, porque esto también impacta en la sociedad. Las organizaciones tienen la obligación de promover y crear lugares de trabajo seguros para cada una de las personas que las componen, y lograr de esa manera una inclusión real que vaya más allá de replicar políticas sino implementarlas, hacerlas efectivas, vivirlas.

Desde la Cámara de Comercio LGBT Argentina, comprobamos que el costo de la homolesbotransfobia es inmenso, y son numeroso los estudios e investigaciones que dan soporte a esta afirmación, y como remarcó Naciones Unidas, esa pérdida incluye al talento, la creatividad y la productividad. Solo como ejemplo, y basándonos en el estudio de The Williams Institute, el costo de la exclusión o discriminación LGBT en México es de 80,000 millones de dólares, una cifra similar al PBI o Producto Bruto Interno de 5 estados de ese país.

Argentina es uno de los países de Latinoamérica más avanzados en temas de diversidad e inclusión de la comunidad LGBTIQ+ con más de 50 años de activismo ininterrumpido en la lucha y conquista de derechos para gays, lesbianas, bisexuales y trans. Es también pionera en derechos igualitarios, en especial, desde la aprobación del matrimonio igualitario en el 2010 y de la ley de identidad de genero en 2012, una legislación progresista y única en su tipo en el continente. Sin embargo, aún queda mucho camino por recorrer y lograr extender los avances y mejores prácticas al resto de los países de la región.

No podemos tampoco dejar de destacar la deuda que nuestras sociedades tienen con la comunidad trans/travesti en nuestro país y en la mayoría de los países de la región, para quienes los espacios de trabajo siguen siendo el mayor ámbito de discriminación, donde el 90 por ciento no tiene empleo y jamás tuvo una entrevista formal. El 4 de septiembre de 2020, el poder ejecutivo en Argentina, por decreto, instituyó el cupo laboral trans del 1 por ciento de las posiciones en la administración pública para personas pertenecientes al colectivo trans travesti, como una manera de comenzar a reparar, a través de la inclusión real, la enorme deuda de nuestras sociedades con las compañeras y compañeros trans.

Queremos hacer propias las palabras de Sarah Kate Ellis, presidenta de GLAAD, quien remarca a menudo que: "No es suficiente poner una bandera del arcoíris en un producto y llamar a eso una estrategia de marketing. Porque las marcas, las empresas o los destinos turísticos tienen que tomar la iniciativa de reflejar el mundo en el que vivimos mostrando el amplio rango de identidades dentro de la comunidad." Para esto es necesario avanzar en capacitaciones, en reformas normativas y en fuertes cambios sociales. Romper prejuicios y comprender que el colectivo LGBTIQ es tan diverso como la sociedad en general.

Debemos empezar a ver en qué espacios podemos ser gestores del cambio. Y estamos convencidos que el ámbito laboral es el espacio donde podemos mejorar y generar nuestro aporte para ese cambio, desde cada uno de nosotros.

Este libro es una herramienta que viene a orientarnos, como una brújula para que las empresas que buscan generar un verdadero impacto y cambio social encuentren caminos y soluciones.

Diego nos muestra que no sólo se ha enfocado en guiarnos en el camino para hacer más diversos, inclusivos y equitativos nuestros lugares de trabajo (muchas veces compartiendo sus propias experiencias en primera persona, como líder abiertamente gay), sino que además suma técnicas de coaching ejecutivo para trabajar en las creencias que limitan a líderes y que muchas veces retrasan los procesos de incorporación de políticas globales.

Quienes comiencen a transitar procesos inclusivos en sus organizaciones, encontraran en estas páginas una hoja de ruta, una guía paso a paso, mas allá del tamaño de cada organización. Desde cómo acompañar la creación del primer Grupo de Recursos de Empleados hasta la selección y entrenamiento del "Diversity Managers" y lógicamente, cómo medir los avances en esta tarea. Todo esto sin dejar de lado uno de los aspectos más importantes, el de trabajar en el cambio de mentalidades y lograr que la inclusión fluya en toda la cultura organizacional.

Es muy valioso que esta hoja de ruta se enfoque principalmente en el público latinoamericano. Sabemos que en general son escasos los recursos en español, más allá de las investigaciones realizadas por Cámaras, Asociaciones y Redes de empresas que aportan conocimiento necesario para avanzar en este camino. Los testimonios de líderes latinoamericanos que encontrarán en este libro nos dan un marco de cómo están actualmente las empresas en diferentes países de la región, y refuerzan el hecho de que todavía queda un gran trabajo por delante en lo que respecta a la inclusión de la comunidad LGBTQ en el mercado laboral, y en la sociedad en general.

Estamos en marcha, el camino es largo, a veces sinuoso, a veces más fácil, a veces no, y las empresas irán adoptando nuevas políticas, evaluando sus prácticas empresariales, y generando más y mejores mecanismos para luchar contra la discriminación.

Estamos en la era en que las empresas también deben salir del clóset, y trabajar para desarmar el armario corporativo, lo que nos dará como resultado un mundo más libre e igualitario. Sigamos trabajando y construyendo juntxs, más espacios para todas, todos, todes. La verdadera reparación pasa por la inclusión auténtica y real.

Pablo De Luca y Gustavo Noguera
CCGLAR – Cámara de Comercio LGBT Argentina

INTRODUCCIÓN

Cuando tenía 23 años decidí salir del clóset con mi jefe. Bueno, "decidir" no sé si es la palabra exacta cuando te ponen en una situación que es casi obligatoria tener que confesar la verdadera orientación sexual, y sin ningún objetivo aparente más que el hecho de tener que confirmar una sospecha, o un secreto a voces.

Recién me había mudado a Panamá y, como la mayoría de los países centroamericanos, estaba gobernado por políticas machistas, homofóbicas y religiosas extremas. No sé si hubiera sido el lugar perfecto para avanzar con mi carrera profesional, pero en ese momento no lo pensé mucho. Sólo sabía que alejarme de mi ciudad natal , de mi país, de mi familia me permitiría vivir un poco más mi sexualidad. Sin nadie que me conociese, sería capaz de empezar de cero, sin la necesidad traumática de tener que "salir del clóset" y confesar ante todos mis conocidos mi sexualidad.

Durante las primeras semanas en mi nuevo hogar disfrutaba de una sensación de libertad nunca vivida. Poder salir sin tener que dar explicaciones al volver a casa o ir a discotecas sin mentir diciendo que iba a otro lugar, se sentía increíble. Incluso, recuerdo la primera reunión social que no me importó decir que era gay, ante el asombro de la gente y del mío propio. No lo dudé, no había filtros.

Pero esa sensación de libertad -o rebeldía- no duró mucho. Sólo dos meses después de haber aterrizado en este nuevo país, mi jefe se me acercó y me dijo que "ya sabía", y que contaba con todo su apoyo. Claro, esas palabras disfrazadas de solidaridad traían consigo un 'pero'. Me advirtió sin reparos que tuviese mucho "cuidado con las plumas".

En ese instante recordé que estaba en un país pequeño, en el que todas las noticias corren rápido. No estaba seguro de que el resto de los socios estarían de acuerdo con "mi decisión" de ser gay. No podía hacer más nada que agradecerle su "apoyo" y quedarme con la cabeza llena de dudas.

Entonces, ya que parecía no tener más opción, volví a encerrarme en el clóset, proyectar una imagen que no sentía, pero que el mundo corporativo me reclamaba. Usé mis pocos ahorros para comprarme un traje y par de zapatos nuevos. Todo en tonos oscuros, muy sobrio. De todas formas, así me sentía por dentro. Quería reflejar el cliché de un hombre heterosexual sin estilo. Yo, en el fondo, me sentía desdichado.

La técnica funcionó por casi dos años. Aunque la empresa creció poco, su ascenso fue constante. Los clientes iban y venían y teníamos ya un par de empleados fijos. Mi trabajo me gustaba, pero no me sentía realizado al cien por ciento. Yo seguía vendiendo una imagen falsa. Y lo peor, aguantando comentarios homofóbicos y machistas de todas partes.

Cuando pensé que no tenía salida, conocí a la persona que hoy es mi marido. Salimos un año y me propuso matrimonio. Ese día me sentí invencible. Era el momento perfecto para salir nuevamente del clóset. Esta vez, con más impulso que la primera vez, y para siempre. Pensé que si me realizaba como persona me permitiría ser un mejor profesional, y así fue.

No sólo iba a pelear por mi liberación individual, sino que sabía que desde ese entonces esa sería la misión de mi vida. Quería que todas las personas que estaban pasando por lo que yo había pasado sintieran la misma sensación de libertad que estaba viviendo.

Así, me acerqué a fundaciones que luchan por la igualdad de los derechos de la comunidad LGBTI y que buscan crear ambientes más inclusivos, como Convive Panamá y Global Shapers. Ese era el comienzo de una nueva vida. Tenía clara mi misión, aunque el objetivo primordial era cambiar la manera la manera de ver las cosas desde el ámbito de los negocios.

Precisaba cerrar esa brecha entre mi sexualidad y el éxito laboral y lo conseguía poco a poco. Es así como encontré mi pasión profesional y decidí enfocarme en la diversidad empresarial. Y en ese camino, el coaching fue un eje vital para mi preparación. Quería encontrar las mejores técnicas para crear lugares más inclusivos, trabajando desde la transformación de las personas. Buscaba crear empatía en los lugares de trabajo y ayudar a los directivos y gerentes a romper con sus prejuicios. Esa es la clave en todo este proceso.

Imagínense, con muy pocas excepciones de ciertos países o ciudades, la región de la que provengo se encuentra dominada por paradigmas de machismo, discriminación, y falta de conocimiento en temas de gestión de la diversidad. Los crímenes a la comunidad LGBTQ, por ejemplo, tanto físicos como morales, se repiten cada 19 horas en Latinoamérica, especialmente dentro de la comunidad trans.

Sin embargo, el primer paso es romper nuestras propias barreras mentales. En mi caso no solo fueron las palabras que me jefe me dijo en aquel momento de mi vida, sino que yo las tomé como verdaderas y actué según sus paradigmas y no según mis valores humanos. Son esas barreras las que rigen muchas vidas dentro de la comunidad LGBTQ. El miedo que nos provocan palabras como las de ese tipo de personas -en posiciones de alto rango- nos hacen sentir que somos ciudadanos de segunda clase.

Y es por eso por lo que las empresas y organizaciones son un factor clave en la inclusión social. Y es por esta razón que aprender a gestionar la diversidad es una técnica que se hace imprescindible en el nuevo contexto social. Ya no es suficiente con que las personas salgan del clóset, es hora de que las empresas también lo hagan.

Por eso este libro está dirigido a cada una de las empresas y organizaciones que están en ese proceso de querer ser más diversas e inclusivas, pero que están atadas a las condiciones sociales del contexto en que se desarrollan o a las mentes cerradas de quienes las dirigen. Perder el miedo a lo "diferente" es el primer paso para seguir fortaleciendo los talentos humanos que las conforman, diversificar la estrategia empresarial y, de esta forma, consolidar el mercado en el que se manejan.

Este libro, así como nuestra comunidad, tiene una bandera, representada por un arcoíris. Con esto en mente, he representado cada capítulo con un color de este símbolo, originalmente diseñado por Gilbert Baker, y que ondeó por primera vez en el Festival del orgullo de San Francisco, el 25 de junio de 1978. Durante los años 80, la bandera acrecentó su popularidad a nivel internacional, y se convirtió en el símbolo de resistencia, orgullo y hermandad de la comunidad LGBTQ.

Hoy es la guía de este libro para recordarnos que "COME OUT" o "salir del clóset" no debe ser una opción o una necesidad, sino una anécdota. Algo que se solía decir hasta principios del siglo XXI, pero la libertad humana y el derecho a ser diversos pudo contra esas creencias limitantes gracias a cada una de las personas que día a día abrazan el cambio y buscan hacer de las organizaciones y la sociedad un lugar más justo e inclusivo.

1. CAPITAL INTELECTUAL: EL TALENTO HUMANO ES EL ACTIVO MÁS IMPORTANTE EN LA ERA DEL CONOCIMIENTO

En la nueva economía del conocimiento, la capacidad de una empresa para contratar y retener los mejores talentos es el activo más importante que se pueda poseer. Dichos talentos son cada vez más diversos, provenientes de diferentes países y culturas, con nuevos modelos mentales, intereses, valores y orientaciones. ¿Somos conscientes de cómo y en qué medida impactan en la cultura organizacional?

2. ORGANIZACIÓN INCLUSIVA: CONSTRUYENDO UN AMBIENTE DE DIVERSIDAD, EQUIDAD E INCLUSIÓN

Para lograr aumentar y mantener valor, las empresas no sólo deben velar por construir ambientes inclusivos, abiertos a la diversidad, sino que deben aprender a gestionar esa pluralidad de talentos para que todas las personas que las integran respeten cada una de las características individuales: género, raza, edad, orientación y preferencia sexual, religión, discapacidad, identidad de género, entre otras. ¿Qué beneficios otorga ser una compañía inclusiva?

3. MEJORES PRÁCTICAS: CREANDO UNA CULTURA INCLUSIVA PARA GENERAR UN MEJOR AMBIENTE

¿Cómo empezar a construir una cultura inclusiva, abierta a la diversidad y libre de prejuicios? Identificaremos dos figuras clave en todo este proceso: los Grupo de Recursos de Empleados y el "Key Executive Sponsor".

4. PARÁMETROS DE MEDICIÓN: DESCUBRIENDO LAS HERRAMIENTAS PARA ALCANZAR EL ÉXITO EN UN AMBIENTE DIVERSO

El seguimiento y la medición de las prácticas de la diversidad y la inclusión (D&I, por sus siglas en inglés) es casi tan importante como su puesta en marcha, por lo que se presentarán herramientas de medición y comparación entre las empresas del mercado. ¿Cómo lograr que nuestros "*Diversity Managers*" conozcan su punto de partida y establezcan los pasos para fortalecer los procesos de inclusión?

5. ACCIÓN EJECUTIVA: EDUCANDO A LOS LÍDERES PARA CONVERTIRLOS EN COACHES EJECUTIVOS

El éxito de esta implementación dependerá en gran medida del grado de comprensión y acción de los altos mandos, especialmente del director ejecutivo (CEO, por sus siglas en inglés) de una empresa y la gerencia local. El coaching ejecutivo transformacional es una herramienta fundamental para fomentar una cultura de aprendizaje; una habilidad que los buenos líderes en todos los ámbitos deben desarrollar. Les permitirá ser conscientes de sus potenciales sesgos y prejuicios, para poder trabajar sobre sus creencias, y desarrollar ciertas aptitudes vitales para sesafiar sus mentes en pro de la diversidad y pavimentar el camino de la creación de un ambiente inclusivo

6. PUESTA EN MARCHA: DEFINIENDO E IMPLEMENTANDO LA 'RUTINA INCLUSIVA'

Un líder coach efectivo hace preguntas poderosas en lugar de ofrecer las respuestas directamente. Apoya a sus colaboradores en lugar de juzgarlos y también les facilita su desarrollo. Para lograrlo deberá establecer una rutina inclusiva, desarrollando así un proceso de autoconciencia que fortalecerá el potencial de cada persona y de la organización como un todo.

A lo largo del libro podrán encontrar testimonios de algunas personas que se atrevieron a salir del clóset en sus organizaciones y una serie de preguntas poderosas que les acompañarán durante el proceso del coaching que les presento en estas páginas. Les aseguro que es un proceso de transformación potenciadora en pro de la diversidad e inclusión.

Antes de comenzar, es importante destacar que he implementado la utilización de diferentes términos para hacer referencia a todas las personas lesbianas, gais, bisexuales, transexuales o las personas intersexuales que integran la comunidad (LGBTI).

No existe un manual o una forma única de ordenar las letras (GLBT, por ejemplo), y dependiendo del contexto o del idioma en que se traduce en algunas referencias se podrán ver letras adicionales, incluyendo, "I" de intersexo (antes conocido como hermafrodismo), "Q" de queer, "A" de aliados (LGBTQIA), o simplemente el símbolo de sumatoria "+" (LGBTQ+). Pensé por algún momento homogenizar el uso de estas letras, pero reflexioné: "**Si estamos hablando de diversidad, justamente el punto de esto es que nadie se quede por fuera**", con excepción de las reglas gramaticales.

Este libro es un llamado a la acción, más que a la atención. Es necesario crear ambientes inclusivos en el sector privado de dentro hacia afuera, en especial en aquellas sociedades donde este tema no se habla. Las empresas son los nuevos factores sociales que pueden permitir el desarrollo de sus talentos para trabajar en conjunto en pro de una sociedad más justa e igualitaria para todos y todas, o como decimos hoy día, para "todes".

CAPITAL INTELECTUAL: EL TALENTO HUMANO ES EL ACTIVO MÁS IMPORTANTE EN LA ERA DEL CONOCIMIENTO

"Ipsa Scientia Potestas Est"

Sir Francis Bacon (1561-1626)[3]

"Me encuentro en una típica cena de negocios con un equipo de la compañía global en la que trabajaba, que se encontraba de visita en mi país. Se podrán imaginar a un montón de directores y yo de colado como gerente. Este era de ese tipo de encuentro informal, que sirve de bienvenida, para conocernos más, antes de comenzar la jornada de trabajo al día siguiente. O sea, que lo menos que querían era que habláramos de estrategias ni de ningún proyecto.

En ese momento, a alguien se le ocurrió la brillante idea de hacer un juego para romper el hielo. Lo que querían era evitar que todos en la mesa comenzáramos a hablar de trabajo ni que se armaran grupitos paralelos.

Claro, no era un juego cualquiera, era el ideal para vacilar entre amigos, pero no para este tipo de encuentro. A mí me puso muy nervioso. Se trataba de: "Reveal your celebrity crush" (dinos la celebridad que te gusta) y para mi suerte, el único homosexual de la mesa era yo y sería el último en responder.

Cuando llegó mi turno, me sudaban las manos. Era la hora de mentir o de explotar el clóset,

---

3 "El conocimiento es poder"

como decimos en mi país, siendo honesto conmigo mismo, sin importar las consecuencias. En fin, que para eso era este momento, para conocernos, ¿no?

Me armé de valor y les compartí mi "crush": Chris Evans.

La cara de la gente no tenía precio... sobre todo la de las personas que intentaban adivinar quien era esa "Christina Evans", a quién no conocían.

Evidentemente, la gente no se esperaba una respuesta como esa. Es increíble como mucha gente intentaba encontrar una reacción políticamente correcta ante tal situación.

Por suerte, mi director de marketing me miró, se cagó de la risa y dijo: "Sos un crack, cabrón".

Esta experiencia que tuvo Joaquín, un joven de 28 años, empleado de una farmacéutica internacional, es la que viven muchas otras personas que, como él, se ven sometidos a conversaciones inapropiadas o incómodas para un entorno laboral. De todos los presentes, sólo él sintió la presión de revelar su identidad.

Evidentemente, la política empresarial de su trabajo no promulgaba un ambiente inclusivo, aunque la visión de su jefe era distinta, y sin tapujos, le dejó claro delante de todos que lo apoyaba, a pesar del ambiente machista durante el momento de la cena.

1.A. CULTURA ORGANIZACIONAL Y RETENCIÓN DE TALENTOS

El cambio de la cultura empresarial no puede imponerse desde la cúpula directiva, sino que siempre evoluciona desde adentro, mediante la manera en que cada uno de los trabajadores siente que puede desarrollar su actividad profesional. Hoy en día, la credibilidad de una empresa empieza y casi termina por la opinión que tienen de ella sus propios trabajadores, que pueden ser los mejores o los peores embajadores de la compañía.[4]

Hoy por hoy, los verdaderos embajadores son las personas que trabajan para nuestra organización, y por esto toman un rol fundamental. Sin dudarlo, me animo a decir que el

---

4 Núñez, Antonio (2007). *¡Será mejor que lo cuentes! Los relatos con herramientas de comunicación.* Ed. Empresa Activa.

mayor porcentaje de nuestros talentos tienen un perfil en alguna red social, o simplemente tienen "conversaciones" con otras personas, por medio de las que comparten lo que sienten de su día a día, y los valores de la empresa para la que trabajan. Ahí es donde posiblemente podemos ver si estas personas se sienten "parte" de la cultura, o se sienten desmotivadas por la falta de conexión entre los valores organizacionales de su trabajo y sus responsabilidades.

Ante esta situación, es importante entender que la responsabilidad única de los líderes de cada organización es la de generar una cultura "a prueba de haters", y que como estandarte lleve la inclusión y la diversidad como bandera. Si una persona puede sentirse integrada al cien por cien en su lugar de trabajo, y es respaldada por los valores y cultura, no quedará lugar para críticas que erosionen la credibilidad y el valor de nuestra marca. Claro, podría haber otros temas que afecten las relaciones entre los colaboradores y sus supervisores, o entre equipos, pero si tenemos una cultura empresarial fuerte podrán solventarse esas situaciones sin afectar la imagen de nuestra organización.

El liderazgo ejecutivo actual, por lo tanto, debe facilitar la creación de grupos de trabajadores donde sus representantes tengan no solo un papel destacado tanto en la recepción y análisis de información de gestión e información sobre clientes y proyectos futuros, sino también que puedan participar de manera activa en decisiones clave de la compañía.

Estos grupos deben estar potenciados por un proceso de empoderamiento desde los gerentes, a través del coaching ejecutivo, con el fin de ayudar a fortalecer el proceso de retención de los talentos y permear estos nuevos valores potenciadores de la cultura organizacional.

Tan solo aquellas empresas que colocan los recursos humanos en el lugar prioritario dentro de su estrategia de negocios tendrán las fortalezas para permanecer en primer lugar. Para esto, es necesario entender cómo se componen los talentos de las organizaciones actuales.

La cultura organizacional comprende las experiencias, creencias y valores, tanto personales como culturales de una empresa. Una de las características de la cultura organizacional es su carácter simbólico, ya que las costumbres van moldeando la identidad y definen pautas de inclusión y exclusión. Estos elementos simbólicos se manifiestan en todos los niveles y departamentos de la organización, desde las relaciones personales y sociales, hasta las maneras de hacer las cosas.

A su vez, tiene varios efectos sobre el comportamiento de sus miembros. En primer lugar, en los procesos de atracción y selección, lo que perpetua aún más la cultura existente. También tendrá efectos sobre los procesos de retención de talentos y rotación voluntaria, de manera que en la medida que haya un mayor entendimiento entre los valores de los trabajadores y la cultura organizacional, mayor será el compromiso del trabajador hacia la organización, y menor la tasa de rotación o abandono voluntario.

LA CULTURA ORGANIZACIONAL INFLUYE EN:

- Qué valora la gente y cómo se relacionan emocionalmente con la organización.
- El tipo de comportamientos que se alientan y se castigan.
- El grado de compromiso con la organización.
- El cómo se enfrentan los problemas y cómo se piensan las soluciones.
- La actitud frente al cambio.
- La estrategia organizacional y la capacidad de adaptarse al contexto VUCA.

Los trabajadores, en la era del conocimiento, toman un papel protagónico tanto en la conservación de la cultura organizacional como en la construcción de los valores de las organizaciones. Hoy por hoy, las empresas no puedan tratar a todos los colaboradores de la misma forma que lo hacían hace veinte o incluso diez años. El concepto de los trabajadores mecanizados forma parte de la antigua economía. Las cualidades distintivas de los trabajadores deben ser destacadas, creando lugares inclusivos donde los mismos puedan hacer carrera y, al mismo tiempo, desarrollarse como personas.

Por sus propias características, la nueva empresa social, aquella que impacta positivamente a la sociedad y a la vez es un negocio rentable, se configura como una comunidad de intereses en la que los empleados y la organización son dos caras de la misma moneda, necesitándose mutuamente y requiriendo de un compromiso recíproco a largo plazo para sobrevivir y tener éxito en un mundo complejo.

Para esto, antes que nada, hay que entender que la cultura organizacional es la que crea, desarrolla y promociona a los nuevos líderes, que a su vez seguirán promoviendo normas y conductas alineadas con los pilares más profundos y antiguos de la empresa. Por ello, si no se conoce y comprende la cultura empresarial, es casi imposible conseguir la transformación necesaria para afrontar los nuevos retos con garantías. Debido a este complejo proceso por el que cualquier empresa crea y fortalece su propia identidad, impulsar una nueva cultura organizacional requiere un compromiso a largo plazo.

1.B. DEFINICIÓN DE CAPITAL INTELECTUAL

La nueva economía "se basa en la incorporación del conocimiento como un recurso de la empresa a través del desarrollo de un conjunto de intangibles que son representados por el "Capital Intelectual".[5]

El Capital Intelectual representaría la suma de todos aquellos intangibles presentes en la empresa que se identifican con el valor creado por la investigación y desarrollo, la innovación, las prácticas organizacionales internas, las relaciones y los vínculos con los agentes del contexto y la acción de los recursos que, tradicionalmente, no son reconocidos en su totalidad en los estados financieros de las empresas.

Ante estos nuevos conceptos, la ecuación contable básica ACTIVO = PASIVO + PATRIMONIO NETO ya no es suficiente para satisfacer las necesidades de todos los interesados, pues deja afuera elementos importantes de la vida de la empresa. Si estos elementos se tomaran en cuenta surgiría una nueva forma de expresar los Estados Financieros de las compañías.

5 Vázquez, Roberto y Bongianino, Claudia (2005). *Los intangibles y la Contabilidad*. Ediciones Errepar. 1ra Edición. p.169

Dentro de una organización o empresa, el capital intelectual es aquel conocimiento intelectual de esa organización, la información intangible (que no es visible, y por tanto, no está recogida en ninguna parte) que posee y que puede producir valor. Entre sus variadas clasificaciones, una de las más aceptadas es la diferenciación de tres grandes bloques:

CAPITAL HUMANO: Se trata de las capacidades, actitudes, destrezas y conocimientos que cada miembro de la empresa aporta a ésta, es decir, forman activos individuales, e intransferibles. Este capital no puede ser de propiedad de la compañía.

CAPITAL ESTRUCTURAL: Se incluyen todos aquellos elementos de tipo organizativo interno que pone en práctica la empresa para desempeñar sus funciones de manera óptima. Entre estos se pueden señalar los manuales de procedimientos, las bases de datos, los organigramas, la propiedad individual (patentes, marcas o cualquier elemento intangible que pueda estar protegido por los derechos de propiedad intelectual) y todas aquellas cosas cuyo valor para la empresa sea superior al valor material.

CAPITAL RELACIONAL: Hace referencia al conjunto de relaciones que surgen entre la organización y sus "stakeholders" o partes interesadas. Abarca los posibles clientes a los que va dirigido el producto o servicio, los proveedores, accionistas, instituciones públicas, y el medio ambiente en general. Incluye también las relaciones que surgen de los procesos de organización, producción y comercialización.

Este nuevo enfoque nos llevaría a un nuevo concepto de capital, dando origen a un nuevo modelo económico basado en un **Capital Económico Integral**: *"Esta alternativa incorpora al concepto de capital físico los bienes intangibles en razón de la importancia que los mismos han adquirido en los últimos tiempos en el desarrollo de los negocios".* [6]

---

6 Vazquez, Roberto y Bongianino, Claudia (2005). Los intangibles y la Contabilidad. Ediciones Errepar. 1ra Edición. p.40

Capital
Humano

CAPITAL
ECONÓMICO
INTEGRAL

Capital
Relacional

Capital
Estructural

La base detrás de la gestión del conocimiento son las personas que lo generan y cómo lo comparten. En nuestra nueva economía, las personas se tornan el valor intangible más valioso y poderoso de la organización, por lo que la gestión de estos talentos debería ser entendido como un activo más en los Estados Financieros, ya que es un valor añadido que destaca nuestros productos y servicios. Es por esto por lo que, al no poder reflejarlos en la ecuación patrimonial, la organización debe hacer todas las gestiones posibles para comunicarlo. ¿Y cómo hacerlo?

FORTALECIENDO EL COMPROMISO CON LA DIVERSIDAD E INCLUSIÓN.

Esto va más allá de una estrategia interna, no puede ser sólo puertas adentro, sino que debe extenderse hacia la sociedad y sus grupos de interés o *stakeholders.* Como veremos más adelante, el proceso parte de la emisión de políticas estructurales y el compromiso de los altos mandos, siguiendo por la incorporación de medidas internas (comunicación, reclutamiento, formación, grupos de empleados, beneficios y coaching ejecutivo) y medidas externas (imagen, alianzas, comunicación) que reflejen ese compromiso con las buenas prácticas para atraer, retener y fomentar el valor de sus talentos.

LOS UNICORNIOS

* Surgieron en la era de las redes sociales, con las que se consolidaron y crecieron.
* Son B2C: Su estrategia comercial apunta directo al consumidor final.
* Facebook fue la "superunicornio" estrella, valuada en más de 100 mil millones de dólares.
* Han generado casi 26x más valor por cada dólar privado invertido.
* La edad promedio de sus fundadores es 34 años.
* Sus equipos se conforman por tres emprendedores en promedio.
* Sólo dos de estas compañías fueron fundadas por mujeres (Gilt Groupe y Fab). Y actualmente, ninguna CEO de estas empresas es mujer.

Es en este punto en el que la cultura organizacional toma un rol fundamental en este nuevo concepto de capital, y nueva forma de medir tanto el valor de nuestros activos, como de nuestra marca.

1.C. LOS "NUEVOS" TALENTOS

Al momento de analizar el nuevo escenario global de las empresas y su diversidad, no podemos dejar de lado que existen cambios generacionales en las empresas, donde las generaciones más jóvenes están asumiendo roles de liderazgo a un paso mucho más veloz que anteriores generaciones.

Ya incluso se ha dejado de escuchar los casos de los emprendedores en sus "treintas" que comienzan una nueva compañía multinacional. Todos conocemos los casos de Facebook,

Google, Amazon, Twitter y los nuevos "unicornios"[7] que están dominando el mundo, fundados todos por CEOs que no llegaban a los cuarenta años.

Sin embargo, en los últimos años, ya se han multiplicado los casos de emprendedores en sus "veintes" o incluso menos. Y esto no solo en el contexto de las empresas, sino a todo nivel.

Por ejemplo, algunos preadolescentes que están impactando a nivel global son: la activista ambiental Greta Thunberg, Malala Yousafzai y su fundación de educación para mujeres en la India. También el **youtuber Ryan Toys Review**, la cantante Billie Eilish, y cientos que han empezado sus emprendimientos vía Instagram, TikTok o Snapchat. Incluso han proliferado fundaciones que buscan aglutinar a estos jóvenes talentos que tienen impacto en la sociedad, como los Global Shapers, una iniciativa del Foro Económico Mundial replicada en las principales ciudades del mundo.

Es así como, mientras la mayoría de los **Millenials** se encuentran en la madurez de sus treintas, tratando de asimilar el paso a la adultez (tal vez mediante algunos filtros de Instagram o Snapchat) y consolidando sus roles de liderazgo, una nueva generación, más joven y "online" desde que comenzó a gatear, comienza a revolucionar la fuerza laboral.

A ellos se les conoce como La **Generación Z** o **Zennials,** un grupo que engloba a casi 67 millones de personas nacidas entre 1997 y 2012, de las cuales 17 millones están entrando en el mercado laboral. Es importante destacar que esta generación nació en una era digital, a diferencia de sus predecesores que vivieron los comienzos y la masificación del internet y los celulares.

Según algunas investigaciones el 98% de este grupo tiene un **smartphone** y casi el mismo porcentaje tiene un perfil en una red social.[8] Además, las estadísticas señalan que el

---

7 Por definición, un unicornio es un animal fabuloso y mitológico, y en los últimos años se le asoció fuertemente a la comunidad LGBTQ. Pero Un "unicornio" es un **startup** con una valuación de más de 1,000 millones de dólares. Los unicornios más grandes incluyen Uber, Xiaomi, Airbnb, Palantir, Snapchat, Dropbox y Pinterest.

8 Desjardins, Jeff. (2019). Meet Generation Z: The Newest Member to the Workforce.

50% de ellos viven conectados "online" 10 horas al día, de las cuales 2 están dedicadas principalmente a canales de video (YouTube, TikTok, Vine); el 40% dice estar adicto al uso de su teléfono, y el 80% dice sufrir de angustia al estar separado de sus aparatos electrónicos.

Rápidamente los "Gen Z-ers" están comenzando a marcar su diferencia, delineando un nuevo espacio laboral. Generalmente, prefieren tener un lugar propio de trabajo, en lugar de los espacios abiertos establecidos por los **Millennials**, aunque están abiertos a tener múltiples roles en una misma organización. El 80% todavía prefiere trabajar en organizaciones grandes o medianas, antes que ser emprendedores.

En los Estados Unidos, esta generación está aprendiendo de los errores de sus predecesores. Sólo el 11% está dispuesto a endeudarse para cubrir los costos de estudios superiores, prefiriendo enfocarse en cursos cortos o capacitaciones online para afrontar el mercado laboral y tener mayor estabilidad financiera. El foco está en lo que uno puede vender como individuo y la capacidad de resolver problemas, más allá del título en el currículo.

Entre los factores que se buscan a la hora de aceptar un empleo, además de beneficios extras al salario como seguros de salud y horarios flexibles, se destacan:

- Una cultura de trabajo que empodere a sus individuos, tanto a nivel profesional como personal.
- Potencial de hacer carrera en el lugar de trabajo.

Aquí radica una diferencia radical con los **Millenials**, generación destacada por apuntar a ser "*freelancers*", comenzar emprendimientos propios, ser nómadas digitales y vivir enfocados en disfrutar experiencias. Como denominador común, se mantiene el hecho de que buscan un empleo que sea compatible con los sueños y valores de uno mismo; así como la búsqueda del éxito personal. También ambas generaciones destacan que las principales características para ser exitosos en el lugar de trabajo son la comunicación y

---

https://www.visualcapitalist.com/meet-generation-z-the-newest-member-to-the-workforce/. Fecha de consulta: 14/07/2019

la capacidad de resolver problemas.

Según palabras de Lori Goler, vicedirectora de Recursos Humanos de Facebook: "Hay una expectativa de diversidad en todo lo que hacen". Eso incluye el trabajo en sí, sin limitarse a ninguna tarea durante demasiado tiempo. Si los **Millennials** ayudaron a iniciar una era en la que es normal pasar por varias carreras y tener horarios flexibles, los Gen Z-ers pueden encontrar formas de tener todas esas carreras al mismo tiempo.

En temas de diversidad laboral, los "Gen Z-ers" son una de las generaciones más diversas, ya que el 49% se considera "no-blancos", y destacan la igualdad racial en las organizaciones como un hecho principal que sus empleadores deben considerar. Esto está asociado a que esta generación viene con el chip de la igualdad laboral incorporada. En una de las entrevistas llevadas a cabo con la gerente de diversidad de una multinacional de cosméticos, destacó que en esa empresa "*damos por sentado que todas las personas LGBTQ tienen las mismas oportunidades que el resto de las personas. Vendemos cosméticos, no podemos negar este tema. Hoy por hoy nuestro foco es hacer lugares más inclusivos, buscando la manera de dar oportunidades a personas con algún tipo de capacidades diferentes, o visión o escucha disminuida*".

En lo que refiere a la igualdad de género laboral, las mujeres jóvenes sin experiencia laboral son exigentes y reciben el mismo salario con más frecuencia que las mujeres que han estado en la fuerza laboral durante años. Muchas empresas actualmente están trabajando en buscar la igualdad de oportunidades a las personas transexuales, que son las más relegadas por el mercado laboral en la actualidad.

Finalmente, las empresas no deben dejar de lado la importancia de retener talentos con mayores años de experiencia. Muchas de las empresas hoy en día están compuestas por una gran cantidad de **Boomers** que desean por propia voluntad trabajar hasta los 70 años o más. Lograr acomodar los estilos de aprendizaje y trabajo de las personas de entre 50 y 60 años es uno de los mayores riesgos comerciales que las organizaciones enfrentan hoy día.

El cambio de generaciones puede ser paulatino, y no darse de una manera brusca, pero como podemos observar hay importantes diferencias de raíz entre las generaciones que actualmente ocupan posiciones de liderazgo en las organizaciones, y los nuevos talentos que se van adentrando en el mercado laboral.

Es aquí donde reside la importancia de construir empresas inclusivas, con líderes expertos en la gestión de la diversidad, para lograr fortalecer la atracción y retención de talentos y potenciar la organización. No hacerlo de la manera correcta afectará el valor de nuestra marca y los procesos de innovación de la empresa.

Una empresa inclusiva promueve el sentimiento de pertenencia y de bienestar en las personas. La diversidad promociona la creatividad, la capacidad de resolución y la innovación. La capacidad de gestionar ambos pilares logrará que las empresas lideren el mercado, siendo capaces de relacionarse con los diferentes **stakeholders** desde clientes a proveedores, gobiernos y accionistas. Un negocio exitoso en un entorno global en la actualidad significa tener empleados capaces de trabajar en un nivel de diversidad y complejidad sin precedentes.

Vivimos en un mundo que cambia sin cesar. Las nuevas organizaciones tienen que estar diseñadas para lograr rapidez, agilidad y adaptabilidad, a fin de competir en un mercado marcado por la disrupción y lo impredecible. Los ejecutivos exitosos deben complementar cada vez más su experiencia con una gran capacidad de aprendizaje, fortalecer técnicas de liderazgo transformador y desarrollar esa capacidad en la gente que está a su cargo.

1.D. LA ECONOMÍA DEL CONOCIMIENTO EN UN CONTEXTO VUCA

Las organizaciones de la nueva economía ya no se evalúan en función de métricas tradicionales, como el rendimiento financiero o incluso la calidad de sus productos o servicios. Por el contrario, las organizaciones de hoy son cada vez más juzgadas sobre la base de sus relaciones con sus trabajadores, sus clientes y sus comunidades, así como su impacto en la sociedad en general, transformándolas de empresas comerciales en empresas sociales.

Una **empresa social** es una "*organización cuya misión combina el crecimiento de los ingresos y la obtención de beneficios con la necesidad de respetar y apoyar*

suentorno y la red de partes interesadas"[9] . Esto incluye escuchar, invertir y administrar activamente las tendencias que están dando forma al mundo de hoy, en especial aquellas enfocadas al desarrollo sustentable y foco en el medio ambiente. Es una organización que asume su responsabilidad de ser un buen ciudadano (tanto dentro como fuera de la organización), que sirve como modelo para sus pares y promueve un alto grado de colaboración en todos los niveles de la organización.

No hay duda de que el conocimiento se ha convertido en el principal valor agregado de las empresas. Actualmente nos encontramos transitando la Cuarta Revolución Industrial, caracterizada por una gama de nuevas tecnologías que fusionan los mundos físico, digital y biológico, impactando en todas las disciplinas, economías e industrias.

Lejos quedaron aquellos paradigmas donde la economía se basaba en la tierra, la explotación de recursos naturales o la combinación del trabajo y capital, en la que los clientes debían adaptarse a la oferta de las empresas. En la actualidad, la capacidad de adaptarse a los cambios, mejorar las interrelaciones con el resto de los actores del mercado y sobrevivir a través de la estrategia empresarial se tornan vitales para incrementar el valor del capital. Hoy las empresas deben adaptarse rápidamente a las demandas de los consumidores para sobrevivir. El tema de las interrelaciones entre las organizaciones y su ambiente actualmente se ha convertido en uno de los factores claves que ningún líder ejecutivo puede ignorar. Tanto es el peso de esta relación casi simbiótica entre las organizaciones y el medio en el que se desarrollan, que incluso las empresas deben buscar posicionarse como "empresas sociales".

Y esta interrelación sucede en un nuevo contexto mundial denominado VUCA, una sigla que significa[10]: volátil, incertidumbre, complejidad y ambigüo. Cada uno de esos elementos sirve para reafirmar la estrática del análisis corporativo y predicciones tanto de corto como largo plazo, así como la conducta de grupos e individuos dentro de las organizaciones. En general, las premisas de VUCA tienden a afilar la capacidad

9 Deloitte 2019. *Global Human Capital Trends 2019*. (online) https://www2.deloitte. com/content/dam/insights/us/articles/5136_HC-Trends-2019/DI_HC-Trends-2019. pdf Fecha de consulta: 10/04/2020

10 VUCA = Volatility, Uncertainty, Complexity, Ambiguity.

de las organizaciones para tomar decisiones, planificar, gestionar riesgos y resolver problemas. Se crea así un nuevo escenario para el modelo superador de dirección y el liderazgo.

La **volatilidad** hace alusión a la gran cantidad de cambios producidos, así como a la velocidad a la que se suceden. La **incertidumbre** se refiere a la incapacidad para predecir las situaciones o el curso de los acontecimientos que se van sucediendo. La **complejidad** trata la dificultad para entender la multiplicidad de fuerzas que delinean el contexto y para distinguir relaciones entre causa y efecto. La **ambigüedad** alude a lo complicado de comprender las relaciones entre esas fuerzas y situaciones, lo que da lugar a potenciales malentendidos y significados diferentes de las condiciones que llevan a confundir la causa y efecto de las situaciones.[11]

A medida que los nuevos líderes se adentran en este mundo VUCA, al cual se le suma la expansión del teletrabajo, equipos virtuales en diferentes partes del mundo, el foco en la diversidad y una dependencia extrema de la tecnología de punta, su preparación para dirigir y motivar se convierte en cualidad crítica. En esta nueva economía, lograr potenciar la **CONFIANZA** y el **COMPROMISO** de sus talentos y equipos de trabajo, con el foco de lograr organizaciones sostenibles en el largo plazo, es su principal desafío.

Lo que hoy en día valoran las empresas es la capacidad de adelantarse a la competencia, adaptarse rápidamente al contexto, y poder ver problemas y oportunidades donde nadie los ha visto, es decir, no solo se busca la habilidad para encontrar respuestas, sino para hacer preguntas.

1.E CULTURA DEL APRENDIZAJE EN UN MUNDO DIVERSO

Para poner en práctica el concepto VUCA así como otras herramientas para crear una empresa inclusiva es fundamental considerar el coaching ejecutivo. Hoy en día se está convirtiendo en parte integral del entretejido de una cultura de aprendizaje; una habilidad

---

11 Harvard Business Review (2014). *What VUCA Really Means for You.* (online) https://hbr.org/2014/01/what-vuca-really-means-for-you. *Fecha de consulta:* 02/05/2020

que los buenos líderes en todos los ámbitos deben desarrollar.

Para transformar su compañía o fundación en una genuina organización de aprendizaje, abierta a la inclusión y a la diversidad, se necesita hacer del coaching una habilidad organizacional que se acople de manera integral a la cultura organizacional. Para logarlo es importante considerar los siguientes puntos:

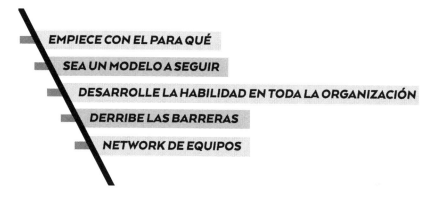

EMPIECE CON EL PARA QUÉ

SEA UN MODELO A SEGUIR

DESARROLLE LA HABILIDAD EN TODA LA ORGANIZACIÓN

DERRIBE LAS BARRERAS

NETWORK DE EQUIPOS

EXPRESAR CON CLARIDAD EL PARA QUÉ:

El líder coach debe preguntarse cuál es la motivación real detrás de nuestra visión y misión y, sobre todo, si estamos comenzando un nuevo programa de inclusión y diversidad, entender el verdadero motivo de esta acción. ¿Es un tema de moda o necesidad por responsabilidad empresarial? ¿Realmente estamos convencidos de que estos programas serán un catalizador nato de habilidades e impulsará el desarrollo individual de cada uno de nuestros colaboradores, lo que eventualmente llevará a maximizar los beneficios? ¿Nuestras políticas están alineadas a que en nuestra cultura organizacional permeen los conceptos de diversidad, equidad e inclusión?

SER UN MODELO DE COMPORTAMIENTO

Cada vez que una política busca convertirse en hábito dentro de la organización, es el líder quién debe dar el ejemplo cumpliendo la misma. Las personas tienden a copiar las acciones que realizan las personas que se encuentran en posturas de poder y estatus. Es por esto por lo que el involucramiento del nivel ejecutivo más alto (C-Level, de 'chief', el ejecutivo de más alto rango, líder o jefe departamental de una compañía), en los programas de inclusión es un factor clave para la implementación de ésta.

GENERE LA HABILIDAD A LO LARGO Y ANCHO DE LA ORGANIZACIÓN

Es prácticamente imposible que una sola persona con buenas intenciones logre un cambio radical en la organización, por lo que el líder coach debe promover y desarrollar las habilidades de liderazgo y coaching con el resto de los gerentes y miembros del equipo. De esta forma, se irá formando una cultura abierta al cambio y al aprendizaje, a la diversidad y al desarrollo de nuevos talentos.

DERRIBE LAS BARRERAS

Una función clave que debe enfocarse el líder coach es romper los silos organizacionales que existen dentro de la organización. En inglés, el término silo se refiere al acto de no compartir información con otros en una misma compañía o empresa. Generalmente, es cuando los departamentos y las personas que lo conforman tienden a trabajar de forma independiente del resto. En caso de que esto ocurra, es responsabilidad del líder coach generar oportunidad de instancias para maximizar los canales de comunicación, trabajar en una visión en conjunto, y lograr que los colaboradores compartan con sus colegas la información, entendiendo que el todo es más que la suma de las partes.

NETWORK DE EQUIPOS

Lograr la conexión de los equipos y trabajar en forma de redes dentro de la organización es el futuro de la interconectividad. Esto permite lograr una organización no solo más horizontal, -menos de las típicas jerarquías históricas piramidales- sino más empoderada. El líder coach debe gestionar a las personas para que trabajen realizando acuerdos, en los que el compromiso y la confianza sean los principales valores.

Una organización con una cultura de aprendizaje debe ser algo en constante movimiento. No alcanza con realizar un programa puntual e implementarlo sin darle un seguimiento activo, sino que debe estar en constante cambio y adaptación a las necesidades del mercado, y de los colectivos sociales que lo integran.

La organización del futuro es un "network de equipos", donde el trabajo es realizado en y por equipos, compuestos por personas de diferentes países, culturas, generaciones, identidades de género, idiomas y más. Esta organización busca constantemente la agilidad organizacional, a través de la utilización de todos los canales de comunicación posibles, basados en la tecnología y en la eliminación de los silos organizacionales y la estructura jerárquica vertical. Es un lugar donde la información fluye libremente, se comparte minuto a minuto y es transparente, con el fin de lograr los trabajos basados en proyectos. Para los líderes más jóvenes de estas organizaciones, el líder del futuro es un coach inspirador, un gran comunicador con una perspectiva intercultural.

La supervivencia de las empresas requiere una correcta gestión de esta diversidad para adaptarse a las necesidades de sus clientes, empleados, proveedores y, en general, de una sociedad cada vez más diversa.

Antes de pasar al siguiente capítulo, te invito a que repases estas **PREGUNTAS PODEROSAS, QUE SON LAS QUE SE DEBE HACER UN** líder que valora el recurso humano de su compañía y que aspira a tener una organización que aprende

1. Piensa en tu organización hoy día. ¿Crees que funciona como "empresa social" o sólo se enfoca en generar ingresos? En ese caso, ¿qué recursos tienes para que pueda ampliar su foco a las personas y la sociedad?

2. Más allá del personal y los clientes, ¿a quienes afectan las operaciones de tu organización? Piensa en el impacto que puede tener en la comunidad: proveedores, socios, entidades locales, familias, etc. (Stakeholders)

3. ¿Qué historias, símbolos, costumbres, procedimientos, políticas y tradiciones hacen única a tu cultura organizacional?

4. ¿Cuáles crees que son las cualidades y habilidades que tú y tu organización deben desarrollar o fortalecer para adaptarse mejor al cambio? ¿Alguna característica que debas eliminar?

5. ¿Qué tan preparada está tu organización para afrontar los cambios generacionales? ¿Cómo está compuesto el personal hoy día y cómo interactúan entre si?

6. Las organizaciones aprenden constantemente. Además de retener talentos, ¿qué otras alternativas se te ocurren para que ese conocimiento se mantenga y siga evolucionando?

7. ¿Conoces el PARA QUÉ de tu organización? ¿Están la visión, misión y valores

comunicados a lo largo y ancho de la misma?

8. Como líder de la diversidad, ¿te consideras un modelo de comportamiento para tu equipo de trabajo y el resto de las personas de la organización? ¿Cuántas personas quisieran trabajar contigo?

9. ¿Qué tan abierto es tu estilo de liderazgo para incorporar temas de diversidad e inclusión? ¿Cómo lo puedes demostrar?

10. ¿Qué características de tu personalidad o estilo de liderazgo estás dispuesto a eliminar, incorporar o modificar para llevar a cabo este proceso?

CAPÍTULO 2

ORGANIZACIÓN INCLUSIVA: CONSTRUYENDO UN AMBIENTE DE DIVERSIDAD, EQUIDAD E INCLUSIÓN

"DIVERSIDAD es que te inviten a la fiesta, INCLUSIÓN es que te saquen a bailar. EQUIDAD que se acuerden de poner tu canción preferida; y PERTENENCIA es bailar como si nadie te estuviera mirando" [12]

"En junio del 2018 me pude reconocer como hombre trans.

Al comunicarlo en mi empresa, la aceptación de la dirección fue bastante rápida, ya que había políticas globales claras sobre el acompañamiento en los procesos de transición y, en especial, sobre el uso de los baños: "en caso de no haber baños neutros, las personas trans pueden ir al baño que les apetezca".

Sin embargo, en las oficinas locales de Panamá, durante los tres meses que siguieron, la gerencia no sabía cómo proceder en relación con mi acceso a los baños de hombre. Ellos pasaron las políticas de la compañía por alto y me obligaban a usar el baño de damas, vestido de corbata, saco y pantalón. Un varón en el baño de damas.

Esa situación era extremadamente estresante para mí, puesto que me obligaba a exponer mi situación personal frente a colaboradores nuevos, proveedores, personal de limpieza, en fin, gente que yo no conocía.

---

12 Adaptación de la frase de Vernā Meyers, Netflix VP Inclusion Strategy https://twitter.com/pgmenchen/status/990915263884341251. Fecha de consulta: 17/11/2019

Durante esa etapa, me encontraba en el proceso de evaluación médica para iniciar mi transición hormonal, pero hubo un resultado que activó las alarmas. La doctora necesitaba comprobar que dicho resultado fuera realmente por el estrés que estaba viviendo en la oficina. Como resultado, tuve que realizarme una prueba de resonancia magnética, convirtiéndose en una de las experiencias más frustrantes de mi vida.

Siempre supe que era algo claustrofóbico, pero no sabía que tanto. La máquina en la que me practicaron la resonancia era "abierta", sin embargo, la antena con forma de jaula sobre el rostro, más la inmovilización de brazos, piernas y cabeza fue suficiente para sentir que me faltaba el aire.

Después que completé el examen, al llegar a mi auto, no pude contener las ganas de llorar. Sentí que había sobrevivido a una tortura mental y que algo dentro de mi mente se había "roto". No me imaginaba en ese momento que las consecuencias iban a ser tan palpables. Empecé a sentir sensaciones paralizantes al manejar, cuando caminaba o estaba solo.

Luego llegó la buena noticia: no tenía tumores en la glándula pituitaria y de que estaba listo para iniciar mi tratamiento de reemplazo hormonal. Pero esto se vio opacado por esos síntomas que fueron tan severos que no me sentía bien en ningún momento. Empecé a sentir pánico de comenzar mi proceso de transición y no lo hice, lo pospuse.

Tenía sueños donde me veía en el espejo con otro rostro y eso me causaba sensación de claustrofobia dentro de mi propio cuerpo. Fue una experiencia muy dolorosa, que comenzó durante aquellos días en los que me obligaron a seguir unas directrices arbitrarias que iban en contra de mi integridad como ser humano".

Ésta es la historia de Johan, un hombre trans panameño, que se animó a comenzar un proceso de transición en una sociedad que aún no está totalmente preparada para aceptar la diversidad. Hoy, él ya ha pasado por el proceso y, además de músico, es un gran activista por los derechos de las personas trans en Panamá.

Su historia nos muestra que a pesar de que las políticas globales de una organización sean inclusivas, la adaptación de estas a las idiosincrasias locales generalmente tarda en realizarse y puede traer consecuencias físicas y psicológicas graves para las personas de la comunidad LGBTQ.

2.A. CREACIÓN DE UN AMBIENTE INCLUSIVO

La posibilidad de crear un ambiente laboral inclusivo no es algo que quede solo en manos de las empresas multinacionales o grandes corporaciones. Tampoco es cuestión de contar con un presupuesto ilimitado o destinar gran parte del presupuesto anual para lograrlo. La creación de un espacio de trabajo inclusivo, abierto a la diversidad, comienza con la VOLUNTAD de una persona en la organización.

Es la voluntad de abrazar el cambio hacia una generación más inclusiva y tolerante lo que logra que las empresas avancen hacia el futuro. Obviamente, este cambio debe ser respaldado por los altos mandos para que finalmente permee en toda la cultura organizacional, pero si esas personas no tienen en agenda este tema, es importante que surja desde algún lugar primero, para poder escalar.

Ahora bien, ¿quién será esa persona que empuje la llegada de ese cambio? No necesariamente debe ser una persona perteneciente a alguna de las consideradas "minorías" dentro de la organización. Cualquier colaborador interno que considere que la organización esté fallando a la hora de ser inclusiva hacia alguien perteneciente a la misma, tiene la potencialidad (y el deber moral) de comenzar esta campaña pro-inclusión.

Recuerdo que una vez, en una de las conferencias 'online' que organizamos junto a la organización **Fuck-Up Nights**, en la que había expositores que contaban historias de vida y de fracaso desde diferentes perspectivas de diversidad (LGBT, discapacidad y personas con autismo), que una de las participantes en el chat comentó algo que nos puso a todos en jaque: "**Podrían activar los subtítulos, soy sorda y me gustaría poder entender mejor las historias que están detrás de las diapositivas**".

En ese momento nos quedamos pasmados e incluso avergonzados porque, para empeorar la situación, no pudimos resolverla en el momento, ya que la plataforma que estábamos utilizando no se había configurado previamente para que aparecieran los subtítulos.

En ese instante, nos tocó actuar de inmediato, siendo honestos con esa compañera que nos había hecho una petición justa y necesaria. Sin más que hablar, nos comprometimos con ella para enviarle el video completo subtitulado. Así lo hicimos, cumpliendo con nuestra promesa.

Son estas pequeñas-grandes cosas que marcan la diferencia a la hora de hablar de inclusión. Desde ese momento, cada conferencia que realizamos, incluimos los recursos necesarios para poder atender los requerimientos de cualquiera de los invitados. Y si tenemos duda, preguntamos.

Como vemos, aquí queda confirmado que esa idea de que la organización tiene una relación puramente física con sus talentos y el resto de las personas que interactúan con ella ha venido cambiando, gracias a los adelantos tecnológicos. Las conferencias digitales por medios como Zoom, Teams o Meets han aumentado exponencialmente. Quiere decir que tenemos que asegurar que las mismas sean inclusivas también.

A esto es a lo que me refiero cuando dije antes que "es la voluntad de abrazar el cambio hacia una generación más inclusiva y tolerante lo que logra que las empresas avancen hacia el futuro".

Son varias las iniciativas que se han creado a nivel global con el fin de presentar diferentes escenarios y tomar acción inmediata. Una de ellas es la campaña denominada 'Inclusion Starts with I", (**La inclusión empieza por mí**)[13], lanzada en el 2017 por la consultora Accenture , que presenta diferentes situaciones en que surgen prejuicios dentro de los equipos de trabajo. Algunos ejemplos son:

- Una mujer de raza negra entrando a una reunión donde predomina gente blanca o que los clientes asumen que no es la líder de un proyecto.
- Una mujer que se siente juzgada de estar menos comprometida con su trabajo por tener que salir antes a buscar a sus hijos.
- Un padre que siente que está menos comprometido con su familia, por trabajar jornadas completas.
- Una mujer lesbiana que se siente incómoda al no poder contar su vida personal, porque la mayoría es heterosexual.
- Un hombre sintiendo la necesidad de expresar sus sentimientos, sin poder

---

13 Video: https://www.youtube.com/watch?v=2g88Ju6nkcg#action=share *Fecha de consulta: 19/11/2019*

hacerlo para no sentirse "débil".

- Una mujer en sus cincuentas sintiendo que las personas piensan que por su edad ya no tiene más habilidades o ambiciones.

Estos ejemplos son una pequeña muestra de la cantidad de situaciones que diariamente se viven en las empresas u organizaciones alrededor del mundo. Inconscientemente, se tienden a normalizar situaciones o conversaciones que ponen en jaque a las personas. No solamente sucede dentro de las organizaciones, sino también cuando las personas que la integran se relacionan con el resto de los miembros de la compañía.

El problema no es el hecho de tener que pasar por situaciones similares, ya que la mayoría de las personas LGBTQ+ aprenden a lidiar con ellas desde que se dan cuenta de que no son como el "resto" de las personas. El problema principal radica en la necesidad de estar ocultando nuestra vida personal en el ámbito laboral, el estrés que eso conlleva, y la falta de empatía que gobierna cuando se tocan estos temas.

2.B. ORGANIZACIÓN INCLUSIVA Y GESTIÓN DE LA DIVERSIDAD

Cuando hablamos de una organización inclusiva, no sólo nos referimos a aquella que cumpla con los derechos básicos humanos de libertad, igualdad y no discriminación. La no discriminación es un derecho de todas las personas, según la Declaración Universal de Derechos Humanos, y concierne al cumplimiento de las disposiciones legales que obligan a particulares tanto en el ámbito público, como en el privado. Cualquier violación de estos es una infracción de la ley, y la sociedad debería castigarlo ante cualquier denuncia recibida por las personas afectadas.

La organización inclusiva "**EJERCE LA EQUIDAD**", es decir, toma medidas que van más allá de las leyes, y actúa en el ámbito social tomando medidas que garanticen la igualdad de oportunidades de las personas, incluso cuando la sociedad las condena. Por ejemplo, algunas de estas medidas están relacionadas con la compensación de desventajas sociales, la extensión de beneficios a parejas del mismo sexo, acciones de sensibilización, oportunidades laborales equitativas de género, y a garantizar el acceso de diferentes sectores sociales por medio de programas de pasantías o procesos amplios de reclutamiento.

Es decir, una organización inclusiva y abierta a la diversidad hace referencia a las "organizaciones que reclutan, aceptan y promueven a colaboradores de todo tipo sin importar su género, edad, orientación sexual, religión, nacionalidad, color de piel, nivel socioeconómico, [discapacidades,] entre otras características. [...] Es una empresa que no practica ni tolera ningún tipo de discriminación, ejerce la igualdad en sus empleados y los respeta sea cual sea su condición".[14]

Al mismo tiempo, cultiva activamente la **GESTIÓN DE LA DIVERSIDAD**: *"una estrategia corporativa orientada a la creación de un entorno de soporte incluyente para los perfiles diversos de las personas que optimice la eficacia en el proceso empresarial"*[15]. Este es el principal valor agregado que le da a la cultura organizacional, ya que se busca la integración de la mayor cantidad de talentos posibles para potenciar la innovación.

Al ser parte de la estrategia de la organización, se convierte en un compromiso que recorre la identidad de ésta, perfila su visión, sus valores y sus estructuras. Incluye, por tanto:[16]

- Atraer, retener y potenciar talentos diversos que aporten innovación mediante la incorporación de nuevos puntos de vista, soluciones creativas y conocimiento de las diversidades culturales y económicas de los mercados.
- Diseñar un modelo organizacional que se adapte al nuevo contexto mundial, volátil y complejo, que maximice los efectos positivos de la diversidad, para evitar la obsolescencia y mantener una posición de liderazgo en el mercado.
- Crear una cultura organizacional inclusiva que haga coincidir los valores y objetivos corporativos con las prioridades y necesidades de sus empleados/as.

---

14 Castillo, Javier (2016). *Diversidad laboral: los beneficios de ser una empresa inclusiva.* https://www.occ.com.mx/blog/diversidad-laboral-empresa-inclusiva/. Fecha de consulta: 20/08/2018

15 Casanova, Myrtha (2008). *Diversidad, fuente de innovación y conocimiento.* I Congreso Internacional Alares.

16 Instituto Europeo para la Gestión de la Diversidad (IEGD). *Gestión de la Diversidad en Empresas e Instituciones* (online) http://www.iegd.org/spanish800/gestion.htm Fecha de consulta: 26/04/2020

- Propiciar la innovación a través de mecanismos que dinamicen la interacción entre personas de diferentes culturas, orígenes y competencias.
- Crear y actualizar productos y servicios que atiendan las nuevas necesidades del mercado, así como conseguir la fidelidad de clientes con perfiles cada vez más diversos.
- Interactuar con proveedores de diferentes regiones, culturas y minorías sociales para incrementar la eficacia en la cadena de suministros.
- Ofrecer programas que contribuyan a la satisfacción y conciliación de todos los empleados para el pleno desarrollo de su vida profesional, familiar y personal.

Aprender a gestionar la diversidad se ha convertido en una de las principales cualidades y fortalezas que debe tener una empresa cuyo activo fundamental es el capital humano, ya que una gestión adecuada del mismo aportará valor y riqueza.[17]

Antes de continuar con los beneficios de ser una organización inclusiva y detallar esas mejores prácticas, es necesario que definamos los conceptos y diferencias entre diversidad, inclusión y equidad.

DIVERSIDAD

La diversidad es la presencia de diferencias que pueden incluir raza, género, religión, orientación sexual, etnia, nacionalidad, nivel socioeconómico, idioma, (dis) capacidades, edad, compromiso religioso o perspectiva política.

Puede incluir además a aquellos grupos poblacionales que han estado (y en algunos casos lo siguen estando) subrepresentados entre los profesionales de las organizaciones y marginados en la sociedad en general.

---

17 Guía para la Gestión de la Diversidad en Entornos Profesionales (2011) Publicación oficial del Ministerio de Trabajo e Inmigración de España (online). https://www.researchgate.net/publication/289525247_Guia_para_la_Gestion_de_la_Diversidad_en_entornos_profesionales Fecha de consulta: 18/04/2020

INCLUSIÓN

La inclusión es un resultado de una política o programa para asegurar que aquellos que se identifican como diversos realmente se sientan y sean bienvenidos dentro de la organización.

Los resultados de inclusión se alcanzan cuando uno mismo, la institución y sus programas son realmente atractivos para todas las personas que la componen. La inclusión mide el grado en el que diversos individuos puedan participar plenamente en los procesos de toma de decisiones y oportunidades de desarrollo dentro de una organización o grupo.

DIVERSIDAD	INCLUSIÓN
* Hace referencia a "quiénes" están en la organización: cómo es el proceso de reclutamiento, contrataciones y promoción de cargos. * Es la representación del rango de características y experiencias de las personas que forman parte de una organización. Las mismas incluyen, pero no se limitan a género, raza, religión, edad, orientación sexual, nivel socio-económico, entre otras.	* Hace referencia a cómo se sienten las personas dentro de la organización. * Indica el grado en el que los colaboradores se sienten valorados, respetados, aceptados y motivados a participar activamente dentro de la organización.

La fuerza de trabajo o espectro de colaboradores puede ser **diverso** dentro de una organización, pero si esas personas no se sienten seguras, bienvenidas y valoradas no se puede considerar *inclusiva*, ya que no permite el pleno desarrollo de sus individuos.

EQUIDAD

La equidad es promover la justicia, la imparcialidad y la igualdad dentro de los procedimientos, procesos y distribución de recursos dentro de las organizaciones o sistemas. Abordar los problemas de equidad requiere una comprensión de las causas profundas de las disparidades de resultados dentro de nuestra sociedad.

La equidad y la igualdad son dos estrategias que podemos utilizar en un esfuerzo por lograr la justicia e imparcialidad. La equidad es dar a todos lo que necesitan para tener éxito. La igualdad es tratar a todos por igual. La igualdad tiene como objetivo promover la equidad, pero solo puede funcionar si todos comienzan desde el mismo lugar y necesitan la misma ayuda.

En resumen, "*la Equidad introduce un principio ético o de justicia en la Igualdad. La equidad nos obliga a plantearnos los objetivos que debemos conseguir para avanzar hacia una sociedad más justa. Una sociedad que aplique la igualdad de manera absoluta será una sociedad injusta, ya que no tiene en cuenta las diferencias existentes entre personas y grupos. Y, al mismo tiempo, una sociedad donde las personas no se reconocen como iguales, tampoco podrá ser justa.*"[18]

2.C. BENEFICIOS PARA LA ORGANIZACIÓN Y LOS INDIVIDUOS

Los beneficios de fomentar un lugar de trabajo más inclusivo son innumerables. Una empresa libre de discriminación no sólo tiene una buena imagen con sus colaboradores, sino también con sus clientes y el público en general. Ser una empresa inclusiva, trae beneficios tanto a nivel de la empresa como para los individuos que la conforman. Entre ellos, se destacan los siguientes:

EMPRESA	INDIVIDUO
• Atraen y retienen el mejor talento. • Mayor productividad. • Lealtad de consumidores. • Insight de comunidad LGTB para innovar. • Mayor diversidad de pensamiento y técnicas de liderazgo. • Inspiran otras compañías. • Alineado a tendencias mundiales. • Mejora la imagen corporativa.	• Ahorro de energías consumidas en ocultar orientación sexual o identidad de género. • Mayor foco en productividad. • Lealtad hacia la organización. • Mayor apertura mental. • Sentimiento de pertenencia. • Actitud positiva y proactiva. • Estado óptimo de bienestar emocional.

18 Barranco, María S. Martín. El Blog del Especialista. Diferencias entre equidad e igualdad. (online) https://especialistaenigualdad.blogspot.com/2013/10/diferencias-entre-equidad-e-igualdad.html Fecha de consulta: 25/02/2020

Para una persona cisgénero heterosexual, puede no resultar fácil ponerse en el lugar de una persona homosexual a la hora de salir del clóset en el trabajo. El simple hecho de tener que ocultar la orientación sexual, es un foco constante de consumo de energías al tener que estar inventando historias de forma casi diaria. Tendemos a ocultar, por temor a que nos descubran, lo que hicimos durante el fin de semana con nuestra pareja. Ante esa situación, preferimos mentir y decir que estamos solteros en vez de ser honestos y compartir que estamos saliendo con alguien. Inventamos novios y novias, evadimos conversaciones o nos aislamos.

Trabajar en una empresa que permita a las personas expresarse libremente, automáticamente hace que esa persona en vez de utilizar sus energías en inventar un plan para "ocultarse", las utiliza para enfocarse en sacar su trabajo adelante. Como resultado inmediato, la productividad del individuo aumenta, ya que el sentimiento de pertenencia se enraíza en él. Busca que a la empresa le vaya bien, porque él o ella se sienten bien. La actitud proactiva y positiva se eleva por sobre la actitud apática que se tiene en otras compañías basadas en la antigua economía enfocada en la producción y no en los individuos.

Este sentimiento de bienestar emocional óptimo del individuo se potencializa en una mayor apertura mental de toda la organización, y fortalece la cultura organizacional por el simple hecho de lograr la captación y retención de talentos por mucho más tiempo que una organización tradicional.

Las empresas abiertas a la diversidad e inclusión tienen una ventaja competitiva sobre las demás, simplemente por el hecho de contar con el *insight* de las minorías para innovar.

Tener las sugerencias de la comunidad LGBTQ, de personas con habilidades diferentes y de grupos multirraciales y etarios, hacen que los líderes de la organización logren navegar más fácilmente en un mercado que constantemente se encuentra en estado de cambio.

Los consumidores y la sociedad son cada vez más juiciosos a la hora de elegir una empresa sobre otra. Observan su responsabilidad social empresaria, su compromiso con el ambiente, la comunidad y los individuos. La lealtad a la marca está atada a los valores y autenticidad de ésta. Es vital lograr mantenerse a la vanguardia de un mercado que se maneja con **trending topics** e **influencers**. Para esto se necesita ser una organización flexible y diversa, que se adapte a las tendencias mundiales.

Según una encuesta de Harvard Business Review (HBR)[19], realizada en más de 1,700 empresas de 8 países diferentes, las empresas con mayor diversidad tienen un 19% más de ingresos que provienen del campo de la innovación y del desarrollo, y un 9% más de margen neto de impuestos (EBIT), en promedio, sobre el resto de sus competidores. Esto les permite apuntar a un rango mucho mayor de productos y clientes, así como seguir invirtiendo en la inclusión del talento humano. En este estudio, HBR calculó la diversidad de cada empresa en seis dimensiones: migración, industria, trayectoria profesional, género, educación y edad. Descubrieron que la industria, la nación de origen y el género tenían los mayores impactos, pero al pensar en la diversidad de una manera multidimensional, las empresas podían liderar en el campo de la innovación.

En otro estudio[20] realizado a más de 1,800 empleados en Estados Unidos, el 78% respondió que trabajaba en compañías que carecían de diversidad en puestos de liderazgo. Sin un liderazgo diverso, las mujeres tienen un 20% menos de probabilidades que los hombres blancos heterosexuales de poder expresar e implementar sus ideas; las personas de color tienen un 24% menos de probabilidades; y las personas que se identifican expresamente como miembros de la comunidad LGBTIQ tienen un 21% menos de probabilidades. Esto puede representar para las compañías una pérdida importante de oportunidades en los mercados, dado que las nuevas generaciones de consumidores buscan apalancar a aquellos mercados menos representados.

De otra parte, la consultora Deloitte publicó un estudio[21] resumiendo casi tres años de

---

19 Harvard Business Review (2018). How and Where Diversity Drives Financial Performance. (online) https://hbr.org/2018/01/how-and-where-diversity-drives-financial-performance. Fecha de consulta: 02/02/2020

20 Harvard Business Review (2013). How Diversity Can Drive Innovation. (online) https://hbr.org/2013/12/how-diversity-can-drive-innovation. Fecha de consulta: 02/02/2020

21 Deloitte 2015. High-Impact Talent Management (online) https://www2.deloitte.com/us/en/pages/human-capital/topics/bersin-hr-news-events.html Fecha de consulta: 12/04/2020

investigaciones y entrevistas a más de 450 compañías globales revelando resultados muy interesantes y relevantes. Entre ellos se destacan los siguientes:

2.3x

Flujo de caja mayor por empleado durante un período de tres años.

13x

Flujo de caja en las compañías más pequeñas.

1.8x

Probabilidades de estar listos para el cambio.

1.7x

Probabilidades de ser líderes en innovación en su mercado.

3.8x

Probabilidades de coachear a las personas para mejorar el desempeño.

3.6x

Capacidad de lidiar con los problemas de desempeño del personal,

2.9x

Probabilidades de identificar y formar líderes.

Resultados similares se observan en otras encuestas que indican que las organizaciones con una diversidad de género y con altos niveles de participación de los empleados tienen en promedio un desempeño financiero de 46% a 58% mejor que aquellas empresas con una tasa menor de diversidad y compromiso de sus empleados.[22]

Desde el punto de vista del reclutamiento, según la página de búsqueda laboral Glassdoor el 67% de los solicitantes de empleo consideran que la diversidad en el lugar de trabajo es un factor importante al considerar las oportunidades de empleo,

---

22 Gallup: Using Employee Engagement to Build a Diverse Workforce. (online) https://news.gallup.com/opinion/gallup/190103/using-employee-engagement-build-diverse-workforce.aspx Fecha de consulta: 02/02/2020

y más del 50% de los empleados actuales quieren que su lugar de trabajo haga más para aumentar la diversidad.

Ser inclusivos no sólo está alineado con las tendencias mundiales y mejora la imagen corporativa. Ser inclusivos es un hecho que debe tomarse por sentado, como lo hacen las nuevas generaciones. Es tomar el riesgo de animarse a mostrar los propios colores, permitirse ser vulnerables y animarse a inspirar a otras compañías. La diversidad de pensamiento en las organizaciones logra delinear nuevas técnicas de liderazgo que serán vitales para el crecimiento económico y social de las mismas.

"Cuanto mas comprendamos a las personas, sus necesidades y desafíos, mejor podremos deleitarlos con nuestros productos y servicios. Y aunque la diversidad es esencial en todo lo que hacemos, creemos que la inclusión cambia el juego".

Procter & Gamble

EL EFECTO DE LA INFORMACIÓN COMÚN

El "Common Information Effect" desarrolla que como seres humanos solemos enfocarnos en las cosas que tenemos en común con otras personas. Tendemos a buscar y afirmar nuestro conocimiento compartido, porque confirma nuestro valor y parentesco con el grupo. Diversos equipos, por definición, tienen información menos común disponible para usar en la toma de decisiones colectivas.

Según un estudio de Harvard Business Review, (Begin with Trust, 2020) las ventajas de la diversidad no son automáticas. De hecho, la verdad incómoda es que equipos diversos pueden tener un rendimiento inferior a los equipos homogéneos si no se gestionan activamente las diferencias entre sus miembros.

Tomemos como ejemplo dos equipos de tres personas, uno en el que los tres miembros son diferentes entre sí y el otro en el que son similares. Si ambos equipos se gestionan exactamente de la misma manera, siguiendo simplemente las mismas prácticas de facilitación grupal, es probable que el equipo homogéneo tenga un mejor desempeño. Ninguna cantidad de feedback o número de caídas de confianza puede superar la fuerza del efecto de información común.

Pero el efecto solo se mantiene si las personas no se sienten capaces de ser 100% auténticas. Cuando eligen (o pueden) traer su verdadero yo único a la mesa, es decir, las partes que son diferentes de otras personas, pueden crear una ventaja inmejorable al expandir la cantidad de información a la que puede acceder el equipo. El resultado es un equipo inclusivo que probablemente supere tanto a equipos homogéneos como a equipos diversos que no se gestionan activamente para la inclusión.

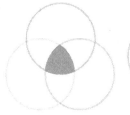

EQUIPOS DIVERSOS

Una reserva diversa de conocimiento es parcialmente compartida.

EQUIPOS HOMOGÉNEOS

Una reserva diversa de conocimiento es parcialmente compartida.

EQUIPOS INCLUSIVOS

Una reserva diversa de conocimiento es totalmente compartida.

2.D. CREACIÓN DE UN AMBIENTE DIVERSO

¿Qué tan abierta está nuestra organización a la diversidad? Por más de que estemos en el siglo XXI, y el cambio generacional venga con más fuerza de apertura que generaciones pasadas, muchas veces las personas se encuentran con empresas completamente inflexibles. La mayoría de las personas se imagina trabajando en empresas como Google o Facebook, o *freelancers*, pero aceptemos la realidad: una gran parte de la población trabaja en empresas pequeñas o medianas, enfocadas en el **resultado** en lugar de crear espacios "felices" para los trabajadores. La mayoría de las veces, pareciera que ser una empresa rentable no es compatible con invertir en el desarrollo del talento humano.

Los empresarios muchas veces presumen que flexibilizar la organización es una pérdida total de productividad. Y esto no es necesariamente cierto. Un buen manejo del personal, acompañado de políticas de seguimiento y control de la rentabilidad, puede lograr un impacto exponencial en los equipos de trabajo y en el posicionamiento de la organización en el mercado. Muchas veces olvidamos que una inversión mínima en el personal puede generar un cambio medular en su compromiso hacia la empresa.

La frase "**ponerse la camiseta**", muy común en la jerga popular argentina, viene de jugar todos para el mismo equipo. Viene de demostrar que hay un fin común que es ganar la partida, todos "pateando" para el mismo lado. En ese partido hay diferentes posiciones: arquero, mediocampo, delantero, defensor...al igual que en las empresas hay diferentes cargos: **manager**, director, supervisor, asistente. Pero hay algo clave en esta situación...el **background** de los jugadores solo es similar cuando juegan para un mismo equipo local o la selección de su país. Y hasta ahí. Pero, ¿qué pasa con estos clubes que traen jugadores de diferentes países para hacer equipos casi imbatibles como el Real Madrid o el Barça? No solo está el hecho de pagar millones de dólares por un pase de un jugador. Imagínense ¿qué pasaría si desembolsamos una cantidad astronómica por un jugador de Asia o América del Sur, que no logra integrarse con un equipo conformado por su mayoría de europeos? Esa inversión no vale nada, vale cero, ya que la dificultad de comunicarse o construir una cultura en común se pierde en el camino. Es ahí donde el Director Técnico o el club en su defecto, debe velar por "incluir" a esa persona al equipo. Este mismo caso sucede en cualquier organización. La misma no vale nada si sus talentos no están alineados con sus valores y misión, ni poseen un líder transformacional que ayude a potenciar las relaciones internas como externas. Claramente no es una cuestión de dinero, es una cuestión de crear cultura abierta a la diversidad.

Esta diversidad se puede crear de diferentes formas. Lo importante es empezar asegurando un lugar seguro a lo diferente. Libre de discriminación y prejuicios, donde se puedan compartir códigos y lenguaje en común.

Algo esencial es el poder comunicar que la empresa está abierta al cambio y a las opiniones, a escuchar las diferentes voces de cada una de las personas que la componen. La comunicación es algo tan sencillo pero que puede tornarse tan complicado en las organizaciones, que termina asustando. La mayoría de las personas quieren ser los dueños de la última verdad, del último comentario, de saberlo todo. Pero lo que es realmente valioso hoy por hoy en las organizaciones es poder lograr que los conocimientos, y la comunicación permee a todo el personal. El exceso de comunicación nunca es malo, sin embargo, el retener información sólo lleva a mayores malentendidos y susceptibilidades.

Más allá de extender los canales de comunicación, hay otras técnicas que permiten que la organización tienda a ser más abierta a la diversidad:

¿CÓMO CONVERSAR MÁS Y MEJOR?

El blog Hace Sentido ofrece algunas técnicas con el fin de tener conversaciones poderosas que permitan "romper silos".

CONVERSANDO MÁS
- Haciendo propuestas: **Veo que necesitas ayudas, te propongo...**
- Haciendo preguntas: **¿Cómo lo hacemos distinto? ¿Qué te pareció?**
- Compartiendo tu opinión: **Creo que...pues...**

CONVERSANDO MEJOR
- Generando posibilidades: ¿Qué tal si...? ¿Quizás podríamos intentar?
- Generando acciones ¿Podrías hacer...? Me comprometo a...
- Generando nuevas visiones: ¿Qué interpretaciones tienes de...? ¿Qué no estamos viendo?

COMPARTIR IDEAS Y OPINIONES DE PERSONAS DE OTRAS ÁREAS

Generalmente, los diferentes departamentos de una organización funcionan como entes independientes. Si bien luego tienden a compartir los resultados con un director general o un CEO, el proceso creacional queda relegado a un grupo de personas que comparten intereses en común: ventas, finanzas, marketing, tecnología, etc.

Con la excepción de algunas reuniones, las personas tienden a resguardar el conocimiento de su área para ellos mismos. Y no sólo el conocimiento, sino también los problemas, las soluciones, pequeñas nuevas costumbres o incluso lenguaje coloquial. Se arman una especie de islas o silos organizacionales que transitan apenas rozándose unas con las otras. Imagínense si en una reunión de finanzas de su empresa entrara una persona de marketing o recursos humanos (**talento** humano, como me gusta llamarlo): ¿cuánto entendería de lo que se está hablando y cómo afecta su departamento? Me atrevería a decir que muy poco.

Tener el **insight** interno de otro departamento promueve que nuevas ideas fluyan dentro de la organización, y fortalece la cultura organizacional. Por ejemplo, ¿qué pasaría si una persona de marketing o diseño opinara sobre un reporte de finanzas? Podría sugerir cómo hacer esos reportes más dinámicos, o más fáciles de mostrar al resto de los **stakeholders,** más allá de simples números, gráficos de barra e indicadores financieros.

Considerar las diferentes perspectivas de las personas es el primer paso para una empresa más diversa. Además, esto hace que las organizaciones sean "más que la suma de sus partes", lo que impacta directamente en el Capital Intelectual. En primer lugar, se crea valor ya que la organización toma conciencia de que pueden existir recursos y conocimientos disponibles en algunas áreas que pueden ser utilizados en otras sin la necesidad de estar implementando todo desde cero o contratando consultorías millonarias. En segundo lugar, genera oportunidades de interacción con otras personas, lo que repercute en nuevas iniciativas, nuevas formas de resolver problemas, y en incrementos de la eficiencia en general. Finalmente, a nivel de equipo, colaborar implica dejar atrás posiciones de competencia e individualismos en la organización.

ROTAR EL MANDO DE LAS REUNIONES

En la mayoría de los casos, las reuniones son lideradas por la misma persona: el director de departamento, el CEO, el gerente general, el "jefe", en fin, la persona con "poder". Pero este esquema ha llevado muchas veces al descreimiento de la necesidad de reunirse. Varias personas escuchando a una sola hablar por el lapso de una hora o más, no resulta para nada motivador. Sólo es algo que se debe hacer porque es necesario para el trabajo.

¡Es hora de cambiar la perspectiva de este asunto! Si bien es importante que un responsable defina una agenda o minuta de la reunión, la misma debería ser liderada cada vez por una persona diferente. Esto puede ser definido de forma aleatoria, o definir un calendario previo de "líderes" de reunión. Incluso algo muy positivo sería invitar a personas nuevas o asistentes a que participen de la misma y sean los encargados de tomar las notas. Una perspectiva "joven" y ajena a la estrategia a largo plazo de la organización, podría ayudar a ver "puntos ciegos" que personas con varios años en la misma podrían estar pasando de lado.

Las ventajas de esta técnica radican en que promueven diferentes aspectos:

COMO EMPEZAR LAS REUNIONES DE FORMA DISRUPTIVA E INCLUSIVA

- ¿Nombre?
- ¿Una sóla palabra que te identifique?
- ¿Con que pronombre te identificas?
  (el – ella – nosotros; he/him/ his – she/her – they/them)

Estas tres simples preguntas logran identificar a las personas brevemente, pero de forma poderosa.

El nombre con el que queremos que nos llamen definen quiénes somos y de dónde venimos.

La palabra con la que nos identificamos representa cómo queremos proyectarnos ante el resto de la organización, y cómo queremos ser asociados.

El pronombre ayuda a los demás a evitar confusiones de género, ser empáticos con aquellos que están en etapa de transaición, y lograr respetar los intereses indiviudales de cada persona.

EL COMPROMISO – Ya que las personas deben conocer los temas de agenda antes de la reunión, y en caso de no asistir o llegar tarde, no sólo están afectando a su "jefe" sino a un compañero o compañera de trabajo.

EL EMPODERAMIENTO – Ya que personas que no acostumbran a liderar se ven en la situación de llevar hasta el final una reunión, saliendo de su zona de confort.

LA MOTIVACIÓN – El hecho de tener que pensar en algo diferente, de cómo liderar, de cómo realizar las preguntas correctas, de cómo mantener al resto del equipo compenetrado en la reunión, y cubrir todos los puntos de la agenda, es un desafío que nos hace salir de la rutina.

LA CONFIANZA – Al liderar este tipo de eventos las personas ganan confianza en sí mismas y aprenden a proyectar su personalidad dentro de la organización, algo que resulta clave al momento de hacer carrera dentro de la misma.

EL APRENDIZAJE – Al ver las diferentes formas de llevar a cabo las reuniones, o el tipo de preguntas que se realizan, la perspectiva de todo el equipo va cambiando. Algunas personas harán preguntas más "humanas", otras más asociadas con el personal, o con los números. O incluso alguien puede surgir con alguna idea o técnica nunca probada dentro de la organización. Lo importante es que todos y todas aprendan durante este proceso.

CÓDIGO DE ÉTICA

La mayoría de las empresas multinacionales ya viene con un código de ética por mandato general. Sin embargo, para el resto de las organizaciones es algo que no existe o no está en sus prioridades administrativas. Ya sea por el hecho de que nadie lo va a leer, o reclamar, o porque no sabemos cómo comenzarlo a redactar. Sin embargo, esto es un error.

La simple existencia de contar con un código de ética, asociados a los valores de nuestra organización, implica que nos **pre**ocupamos por la sana convivencia de todas las personas que trabajan con nosotros, así como del impacto que tenemos en la sociedad, clientes, y proveedores.

Nuestros valores guían en gran medida la visión y misión de la organización, así como la forma de alcanzar los objetivos. Es por eso por lo que basarnos en un código que desde raíz recalque los principales derechos humanos, de que todas las personas son iguales dentro la organización, y que nadie deba ser discriminado por "**raza, color,** sexo, idioma, religión, opinión política (...) o cualquier otra condición"[23].

EL DINERO ROSA

Dentro del gay branding se utiliza el término **Pink Money** (Dinero Rosa), para referirse exclusivamente al poder adquisitivo de la comunidad LGBTQ. Según LGBT Capital, el poder adquisitivo del segmento de consumidores LGBTQ se estima en US $ 3,6 billones por año globalmente.

Marcas como Google, Absolut, Disney, Adidas, Apple, Budweiser, Uber, Burger King, MAC, Procter & Gamble, DELL, Nestlé, Doritos, MasterCard, Starbucks y muchas más han modificado productos o modificado sus logos incorporando la bandera LGBTQ o frases que destacan la inclusión y diversidad de sus valores.

Generalmente, esta estrategia es bien recibida por los consumidores de los productos o servicios, sin embargo, la pregunta que surge muchas veces es: ¿Es esto una campaña de marketing para hacer más dinero o realmente es algo que se busca en pro de la diversidad y una sociedad más equitativa?

Si consideramos que la población LGBT se estima en casi de 500 millones a nivel mundial, por lo tanto si una empresa no apunta sus esfuerzos a este segmento, estaría dejando de ganar una amplia parte del mercado. No solo esto aplica para empresas de consumo, sino otras industrias como turismo, entretenimiento y servicios. Estudios demuestran que el consumidor LGBTQ, puede llegar a tener un rango de consumo mayor que un consumidor heterosexual, dando origen al termino DINK "Double Income, No Kids" (Doble Sueldo Sin Hijos).

Una de las principales ventajas del dinero rosa, más allá del económico, es que cada vez más compañías apoyen las demandas políticas y sociales de la comunidad LGBT. Pero del otro lado de la moneda puede generar que se desvirtúen ciertos eventos, como la marcha del orgullo LGBT, convirtiéndolo más en suceso comercial, en vez de celebrar los derechos ganados o reclamar los pendientes.

Una marca u organización que no pregone en sus valores y en su estrategia de negocios los ideales de diversidad e inclusión, y sólo utilice los colores de la bandera para captar consumidores puede (y debería) ser acusada de cometer **pinkwashing**, es decir el beneficio que se obtiene a costas de la "inclusión", "tolerancia" y "progreso". Una marca realmente inclusiva tendrá como meta final la visibilidad del colectivo LGBTQ, mientras genera dinero, y no al revés.

---

23 *Declaración Universal de Derechos Humanos. Artículos 1 y 2.*

CAMPAÑAS GRÁFICAS

Empapelar la oficina con campañas **pro**-diversidad, pegar carteles (o enviar mails o mensajes de texto) que destaquen los valores o principales puntos de nuestro Código de Ética, ayuda a mostrar que la empresa efectivamente los "vive" cada día.

El impacto visual de esto fortalece la confianza de las personas y la creencia de que son parte de una organización libre de discriminación y con igualdad de oportunidades para todas y todos, quienes la conforman.

SISTEMA DE RECLUTAMIENTO

Para una gran parte de las empresas, poner el foco en el proceso de reclutamiento es una parte vital para fomentar el crecimiento orgánico de la misma, y construir un ambiente diverso. Es importante desde un comienzo tener claro que se requiere pluralidad etnocultural y de género en el personal, por lo que se necesita establecer criterios y objetivos para cualquier cargo disponible, y calificar a todos los candidatos y candidatas utilizando las mismas categorías.

Claramente, si le preguntamos directamente a la persona encargada del proceso de selección si cree que discrimina en las entrevistas, la respuesta será "claro que no". La gran mayoría de las personas no discrimina conscientemente en las decisiones de contratación, sin embargo, como veremos más adelante, en el proceso pueden jugar en contra prejuicios o sesgos psicológicos que podrían alterar el proceso. Esto puede significar que en las prácticas de contratación estándar de nuestra organización surjan situaciones potenciales de discriminación inadvertida en las políticas.

Preguntas mal formuladas, que incluso pueden llegar a ser consideradas ilegales en ciertos países, los sesgos inconscientes y la necesidad de ocupar puestos o cuotas lo más rápido posible, pueden traer consecuencias en temas de diversidad:

- Se pierde de contratar a la mejor candidata o candidato al puesto.
- Hace que la organización sea vulnerable a reclamos de discriminación.
- Puede llevar a que hombres y mujeres aspiren a diferentes rangos salariales, para un mismo puesto ofrecido. Esto en algunos países puede ser considerado ilegal.

- La discriminación basada en información genética (incluida la enfermedad del candidato – como test de VIH - o antecedentes familiares) es ilegal.
- Es un detrimento a la hora de fomentar la gestión de la diversidad en la organización en todos sus sentidos, ya que lleva a organizaciones más homogéneas, en las que se pierden potencialidad de innovación.

La investigación muestra que durante los primeros encuentros con los candidatos hacemos juicios instantáneos e inconscientes fuertemente influenciados por nuestros prejuicios y creencias inconscientes existentes (en inglés, esto se conoce como **unconscious bias**). Por ejemplo, en el contexto de una entrevista, sin darnos cuenta, pasamos de evaluar las complejidades de las competencias de un candidato a buscar evidencia que confirme nuestra impresión inicial. Los psicólogos llaman a esto "sesgo de confirmación".

Muchas compañías y organizaciones utilizan la técnica de recomendados o referidos a la hora de contratar. El hecho de que las personas pertenezcan a las mismas redes sociales hace que la organización tienda a ser homogénea, tanto en temas de género, grupos de influencia, niveles educativos, entre otros. Si bien las personas referidas puedan ser una forma más eficiente de contratación, es importante que se apliquen los criterios de selección adecuados que permitan la inclusión de mujeres y grupos minoritarios.

A continuación, algunas técnicas para hacer desde el comienzo que las personas candidatas a diferentes posiciones, conozcan que nuestra organización está abierta a la diversidad:

- Crear descripciones de puestos utilizando un lenguaje neutral para los mismos y las tareas asociadas. Herramientas como **Textio** o **Gender Decoder** pueden ser de utilidad.
- Confeccionar un programa formal de entrenamiento de entrevistas para la contratación de managers y empleados, que ayude a trabajar en cómo estructurar la entrevista, manejar los prejuicios (**bias**), y escribir retroalimentaciones efectivas. Para este punto puedes utilizar **ReWork** de

Google, y su entrenamiento en entrevistas formales.[24]

- Construir e implementar paneles de entrevistas sobre manejo de diversidad a lo largo de todos los roles, no sólo para resaltar la diversidad organizacional, sino como una forma de aprender a minimizar los prejuicios sobre el tema.

- Realizar preguntas estandarizadas, y que las personas encargadas del proceso tomen notas basadas en el desempeño en relación con el puesto de trabajo, y se utilicen criterios de evaluación estándar.

- Desarrollar y ejecutar una estrategia de marca empleadora que destaque el compromiso con la diversidad, la inclusión y los valores organizacionales. Escribir sobre la miisma, compartirla e incorporarla al proceso de reclutamiento.

EEO – EQUAL EMPLOYMENT OPPORTUNITY

La Igualdad de Oportunidades en el Empleo (EEO, por sus siglas en inglés), es un conjunto de leyes y actas que rigen a las empresas norteamericanas con al menos 15 empleados, y que vela por mantener lugares libres de discriminación laboral.

La Comisión de Igualdad de Oportunidades en el Empleo de Estados Unidos (EEOC, por sus siglas en inglés)[25] es responsable de hacer cumplir las leyes federales que hacen ilegal discriminar contra un solicitante de empleo o un empleado debido a la raza, color, religión, sexo de la persona (incluido el embarazo, la identidad de género y la orientación sexual), origen nacional, edad (40 años o más), discapacidad o información genética. También es ilegal discriminar a una persona porque la persona se quejó de discriminación, presentó una querella por discriminación o participó en una investigación o demanda por discriminación laboral.

Generalmente, las compañías que se encuentran obligadas dentro de esta ley publican y visibilizan una declaración de cumplimiento como la siguiente, para que las personas sepan que están entrando a una organización libre de cualquier tipo de discriminación:

---

24 ReWork: Guide. Use structured interviewing. (online) https://rework.withgoogle.com/guides/hiring-use-structured-interviewing/steps/know-the-components/ Fecha de consulta: 02/02/2020

25 EEOC: Equal Employment Opportunity Commission

EN 1992, P&G SE CONVIRTIÓ EN UNA DE LAS PRIMERAS COMPAÑÍAS DE FORTUNE 500 EN AGREGAR "ORIENTACIÓN SEXUAL" A SU DECLARACIÓN DE DIVERSIDAD DE IGUALDAD DE OPORTUNIDADES DE EMPLEO (EEO).

[Nombre de empresa] ofrece iguales oportunidades de empleo (EEO) a todos los empleados y solicitantes de empleo sin distinción de raza, color, religión, sexo, orientación sexual, identidad o expresión de género, origen, edad, discapacidad, información genética, estado civil, amnistía, o estado de veterano de conformidad con las leyes federales, estatales y locales aplicables.

[Nombre de empresa] cumple con las leyes estatales y locales aplicables que rigen la no discriminación en el empleo en todos los lugares en los que la compañía tiene instalaciones. Esta política se aplica a todos los términos y condiciones de empleo, incluyendo, pero no limitado a, la contratación, la colocación, promoción, despido, despido, retiro, transferencia, permisos de ausencia, compensación y capacitación.

[Nombre de empresa] prohíbe expresamente cualquier forma de acoso laboral ilegal basado en la raza, color, religión, sexo, orientación sexual, identidad o expresión de género, origen nacional, edad, información genética, discapacidad o estado de veterano.

La interferencia inapropiada con la capacidad de los empleados de [nombre de la compañía] para realizar sus tareas laborales esperadas no será tolerada en lo absoluto.

Si bien en muchos países no existen políticas similares específicas para el ambiente laboral, tomar de base esta legislación, y que las organizaciones y empresas tomen esta declaración como modelo, es un excelente punto de partida para asegurar la diversidad. En otros casos, algunas compañías agregan políticas similares a su Código de Ética y al reglamento de trabajo.

COMPARTIR IDEAS Y OPINIONES DE PERSONAS DE OTRAS ÁREAS

ROTAR EL MANDO DE LAS REUNIONES

CÓDIGO DE ÉTICA

SISTEMA DE RECLUTAMIENTO

EEO - EQUAL EMPLOYMENT OPPORTUNITY

2.E. EL LENGUAJE INCLUSIVO EN LAS ORGANIZACIONES

Las palabras crean mundos, perfilan nuestras realidades e influyen fuertemente sobre cómo impactamos en los demás a la hora de comunicarnos. El lenguaje, las imágenes, los **post** en las redes sociales, y los íconos que utilizan las organizaciones, muchas veces "hablan" por ellas, antes incluso de que la propia organización lo haga. Incluso también todo aquello que la empresa tiende a omitir en sus comunicados, o no haga referencia, no existirá. Las organizaciones, y, sobre todo, las personas responsables de la comunicación de esta deben ser consciente del valor y la capacidad transformadora del lenguaje.

Cuando hablamos de diversidad e inclusión, el lenguaje contribuye notoriamente a alcanzar la igualdad entre hombres y mujeres, así como también la equidad de oportunidades para todas las minorías que conforman la organización. El lenguaje influye en la cultura organizacional, y debe estar alineado a los valores que predica la empresa tanto puertas adentro como hacia el exterior.

El lenguaje inclusivo y no sexista es una de las herramientas para avanzar en la igualdad real entre mujeres y hombres; así como también para celerar el proceso de inclusión de las personas que no se identifican con esos géneros y quedan excluidas en el lenguaje coloquial.[26] Constituye un código de comunicación que tiene en cuenta la realidad tal cual es, sexuada. El objetivo principal es dar relevancia a la presencia de los distintos sexos en los diferentes mensajes emitidos y evitar también el uso de imágenes que pudieran afectar a la dignidad de mujeres u hombres o que transmitan estereotipos sexistas.

Inicialmente, el lenguaje inclusivo partió buscando la incorporación del sexo femenino a un lenguaje dominado por el sexo masculino. Sin embargo, en la actualidad se busca abarcar a todo el espectro de género incluyendo a las personas trans, no-binarias, de género fluido, entre otras.

---

26 *Informe sobre el lenguaje no sexista en el Parlamento Europeo.* (online) http://www.fademur.es/_documentos/Informe-Eurocamara-Lenguaje-sexista.pdf. Fecha de consulta: 20/03/2020

El lenguaje inclusivo debe diferenciarse del "lenguaje sexista", ya que este hace alusión a un código de comunicación que hace invisible a las mujeres y que puede provocar su infravaloración o ridiculización, pero que en todo caso las subordina. Se produce, principalmente, por la utilización del masculino como genérico y porque ofrece una imagen estereotipada de las mujeres,

Algunos ejemplos de lenguaje sexista podrían ser frases como las siguientes:

- Empresa de auditoría busca Contador para dirigir un nuevo departamento.
- Compañía de telecomunicaciones busca secretaria bilingüe.
- El Profesor se quedó en su casa haciendo tareas de "ama de casa".
- Todo el personal asistió al evento, desde los altos Directivos hasta las chicas de limpieza.

Ante estas circunstancias tan comunes en clasificados y conversaciones diarias, nos queda preguntarnos, ¿acaso una "contadora" no es adecuada para el puesto de trabajo, así como no hay "secretarios" para cubrir esa posición?, ¿qué sucede con aquellos hombres que deciden quedarse en casa para cuidar a su familia y realizar tareas del hogar, mientras su mujer realiza un trabajo de oficina? O ¿por qué tendemos a hablar de los altos mandos en masculino, y las tareas que requieren menores calificaciones se asocian con las mujeres?

COMING OUT: UNA DECISIÓN PERSONAL COMPLEJA

La diversidad dentro de las organizaciones y lugares de trabajo está parcialmente influenciada por si un individuo se identifica abiertamente como lesbiana, gay, bisexual o transgénero. En muchos casos la orientación sexual es una característica invisible que requiere revelación para que otros sean conscientes.

En el lugar de trabajo, los empleados LGBT tienen la capacidad de decidir cómo comunican y cómo expresan su identidad LGBT. Estas decisiones pueden ser muy complicadas. Los empleados pueden "salir del clóset" con todos, un grupo selecto de colegas, o nadie en absoluto. Pueden estar motivados para revelar o no su orientación sexual por razones personales o por factores organizacionales como grado de homofobia percibido u otras barreras (ausencia de líderes LGBT o ERGs, falta de comunicación, machismo de la industria, entre otras).

Los empleados LGBT difieren con respecto a lo que afecta a la hora de comunicar su decisión:

SÍ

- Deseo de ser auténticos, ya sea directamente (identificándose como LGBTQ) o indirectamente (refiriéndose a su pareja, corrigiendo presunciones de hetersexualidad o especificando los pronombres correctos).

- Fortalecer relaciones.

- Ser modelos a seguir.

- Combatir la homofobia.

- No tienen otra opción. Por ejemplo las personas trans que sus rasgos pueden llegar a ser más aparentes.

NO

- Preferencia por mantener la identidad personal y profesional separadas.

- Miedo a potenciales repercusiones.

- Les gustaría pero sienten que la cultura organizacional les impide hacerlo. (Esto aumenta el potencial de rotación y la falta de compromiso).

Incorporar en las organizaciones un sistema de comunicación incluyente será vital para:

- Fomentar un espacio libre de discriminaciones y prejuicios, eliminando cualquier indicio de jerarquía de género.

- Mostar una imagen coherente con el compromiso con la Igualdad de oportunidades de la empresa.
- Visibilizar la presencia y participación de las mujeres en la empresa.
- Generar espacios seguros para el personal LGBTQ, en especial para las personas trans y no binarias.
- Promover la reflexión sirviendo como modelo de expresión verbal y escrita.
- Contribuir al desarrollo de una sociedad más igualitaria como parte de la Responsabilidad Social Empresarial.

EVITAR EL ABUSO DEL MASCULINO GENÉRICO.

Es uno de los temas más frecuentes a la hora de la comunicación informal. El uso de las palabras masculinas para referir a personas de género femenino o no binario, limitan el desarrollo de la inclusión. A estos efectos, hay algunas soluciones alternativas[27], como el uso de genéricos, omitir determinantes de género, utilizar "se" o formas personales de verbos, entre otras.

Los trabajadores y los jefes = *El personal y la jefatura.*
Todos los miembros del grupo = *Cada miembro del grupo*
El líder decidirá = *Se decidirá*
Los trabajadores pueden participar = *Podrán participar/ Usted puede participar*
Encuesta a los asistentes = *Encuesta a asistentes*

DESDOBLAMIENTOS Y SOLUCIONES A PROBLEMAS DE ESTILO

DESDOBLAMIENTO Y BARRAS

Cada vez es más frecuente el recurso de los desdoblamientos y comienza a no resultar tan ajeno al uso cotidiano del lenguaje. Sin embargo, se debe limitar su uso para no ralentizar excesivamente el discurso y se debe procurar alternar el uso de la forma femenina y masculina, para evitar comenzar siempre por esta última.

Los trabajadores de la compañía = *Las trabajadoras y trabajadores de la compañía*

---

27 *Instituto de la Mujer y para la Igualdad de Oportunidades. Guía Práctica de Comunicación Incluyente. Información completa en www.igualdadenlaempresa.es.*

Los socios que deseen participar = **Los socios y las socias que deseen participar**
Los usuarios del sistema = **Las y los usuarios del sistema**

El uso de las barras puede ser un recurso válido en el caso de documentos administrativos (formularios, fichas, comunicados, etc.). Dado que el género masculino generalmente procede al femenino, estableciendo inconscientemente una relación de jerarquía, es importante intercalar el uso del género.

- Licenciadas/os
- Desempleados/as
- Jubilados/as

Como inconveniente de estas técnicas es que su utilización puede dificultar la lectura de los textos, crear confusión para concordar gramaticalmente o provocar rechazo estilístico. A su vez, resultar un problema en publicaciones que no puedan alargarse a más de cierta cantidad de palabras, como por ejemplos publicaciones en Twitter o anuncios en Facebook o Instagram.

Un punto adicional es que cuando hablamos de inclusión no hablamos solo de hombres y mujeres, sino también de personas de género no binario, y en este tipo de mensajes, estas personas no se encontrarían incluidas ni se podrían sentir representadas.

ARROBA, X

Soluciona aparentemente el problema en el lenguaje escrito, pero no en el oral. Al igual que las barras este recurso ha de ser utilizado cuando no existen otras fórmulas más adecuadas.

La estrategia de aplicar la @ o la "x" puede ser válida para el lenguaje informal, especialmente cuando está dirigido a la juventud, pero en general la alternativa tiene que pasar por el uso de otros recursos.

- Operari@s - Operarixs
- Técnic@s – Tecnicxs
- Abogad@s – Abogadxs

El uso de la X inconscientemente permite leer la palabra y darle sentido al contexto con la vocal que una persona se sienta más identificadx. En octubre de 2018, una campaña gráfica de la Ciudad de Buenos Aires usó la "x" en sus carteles: "**Todxs tenemos derecho a información, educación y atención gratuita de nuestra salud sexual**", decía uno de ellos. En ese entonces, Guadalupe Tagliaferri, ministra de Desarrollo Humano y Hábitat, sostuvo: "Tal vez la Real Academia Española se enoje un poco, y alguno tal vez nos acuse de que estamos destruyendo el idioma, en este contexto nos parece muy importante porque estamos hablándoles a los jóvenes".

Hay que tener especial consideración para que este tipo de lenguaje no termine siendo un lenguaje inclusivo que excluya, ya que este no cuenta con un aspecto clave: los programas de síntesis de voz para gente con discapacidad visual no entienden (al menos todavía) esta nueva forma de escribir. Es decir, si una persona sin visión se encuentra con un texto escrito con «@» para evitar el masculino genérico no podrá entender el mensaje.[28]

TODOS, TODAS O 'TODES', UN MOVIMIENTO DE INCLUSIVIDAD

En el contexto de la sociedad latinoamericana se escucha cada vez más el uso del todes como parte integrada del lenguaje. Personalmente, he asistido a conferencias y charlas donde se escuchan frases que "Buenos días a todas, todos y todes". También: "Hoy nos juntamos con les abogades para tratar el tema de la ley...". Honestamente, ya a mí ni siquiera me suena raro. Las personas incluso sonríen al saber que están rompiendo los esquemas sociales y paradigmas arcaicos, y que de alguna forma están dando un paso adelante hacia una sociedad más inclusiva.

Y como suele ocurrir con movimientos como estos, se genera una discusión interesante. En este caso, la Real Academia Española, también se ha expresado. En un Tweet publicado el 23 de enero de 2018 indicó: "No es admisible usar la letra «x» ni la «e» como marca de género. Es, además, innecesario, pues el masc. gramatical funciona en nuestra lengua, como en otras, como término inclusivo para aludir a colectivos mixtos, o en contextos genéricos o inespecíficos."[29]

---

28 Buda Marketing. Lenguaje inclusivo en redes sociales. La nueva estrategia para las empresas. (online) https://budamarketing.es/lenguaje-inclusivo-en-redes-sociales-la-nueva-estrategia-para-las-empresas/ Fecha de consulta: 20/03/2020

29 Twitter @RAEinforma (online) https://twitter.com/raeinforma/sta-

Ese mismo año, la entidad que se atribuye la tarea de velar por la lengua castellana, publicó que considera innecesarias las variables que se han desarrollado en Hispanoamérica para incluir el género masculino y femenino en su formulación. O sea, "todos y todas", "todes", "todxs" o "tod@s" son construcciones que la Real Academia rechaza. Es que la institución considera que el género masculino de las palabras, "por ser el no marcado, puede abarcar el femenino en ciertos contextos".

A pesar de la posición institucional, el lenguaje inclusivo ha ganado espacio en distintos ámbitos y empieza a expandirse en Latinoamérica, especialmente entre adolescentes que lo usan en su habla cotidiana, tanto oral como escrita. Incluso la cadena televisiva Fox Premium estrenó en octubre de 2018 la serie "Pose", del director Ryan Murphy, pionera en tener subtítulos con lenguaje inclusivo, tanto en castellano como en portugués. "**Les chiques**" se lee, por ejemplo, en las letritas blancas que acompañan los diálogos de sus personajes, para referirse a las estrellas de la serie, que son mujeres transgéneros.

Otra serie latinoamericana que se destacó por el uso del lenguaje inclusivo es "La Casa de las Flores", serie original de Netflix y dirigida por Manolo Caro. No sólo la serie incorpora muchos elementos de la comunidad LGBTQ, a la vez que parodia el machismo mexicano, sino que hace énfasis en el uso del "**nosotres**" y el "**todes**" en varias de sus escenas, o el hecho de decir "las chicas" cuando en un grupo hay mayoría de mujeres.

Más allá de las reglas gramaticales, y las trabas de la RAE, la realidad que el lenguaje muta con el tiempo y se adapta a las tendencias, al igual que la sociedad, sus leyes y sus individuos. Sucede lo mismo con términos nuevos que van surgiendo o anglicismos que se castellanizan sin permiso de nadie, como **blogger**, **influencer**, **selfie**, **youtuber**, **posteo**, **twittear**, **webinar** y **laptop**. Algunos cambios y adaptaciones son más lentos que otros, por lo que quedará en nosotros como líderes de la diversidad adecuar nuestro discurso para que todas las personas que nos escuchen se sientan lo más incluidas posible.

IMÁGENES E ICONOGRAFÍA

A través de las imágenes, los colores, el diseño de la página web o la presencia en las redes sociales una entidad está comunicando constantemente y transmitiendo mensajes y valores concretos. Incluso mucho más fuerte que las palabras. La combinación de estos elementos (comunicación escrita y soportes de imágenes) debe ser coherente con el objetivo final de aportar mensajes basados en la igualdad de mujeres y hombres, así como también la inclusión de las personas LGBTQ.

Si bien la tendencia va en aumento, son pocas las compañías que se animan a mostrar parejas o personas LGBTQ en los anuncios de sus productos o servicios. Muchas veces no es por un tema que pueda afectar su reputación, sino por el miedo al cambio y cómo reaccionarán los consumidores. Digamos que, si bien pareciera un pensamiento ya casi obsoleto para una gran cantidad de culturas, es una realidad en muchos países, en los que se castiga la homosexualidad o, que, si bien no está penalizada o prohibida, "de eso no se habla".

En este sentido, las imágenes que se utilicen a la hora de comunicar la marca de nuestra organización deberían[30]:

- Visibilizar adecuadamente a las mujeres y a los hombres sin caer en estereotipos de roles familiares, sociales, uso de espacios públicos y privados, tipo de actividades o acciones llevadas a cabo. Ejemplos: mujeres maestras, amas de casa, modelos, con hijos en las fotos; hombres ingenieros, médicos, ejecutivos, sin hijos en las fotos.
- Mostrar entre los consumidores, usuarios, personal de la compañía, y demás stakeholders a personas de la comunidad LGBTQ, generando visibilidad de la misma y evitando estereotipos.
- Realizar campañas que hagan hincapié en mostrar con orgullo la diversidad empresarial de la organización.

---

30 *Guía sobre estrategias de comunicación incluyente. Gobierno de Navarra,*
2009. http://www.navarra.es/NR/rdonlyres/8346E44F-1C60-4850-AAC8-
7934034AB5C6/118955/GUIADECOMUNICACION1213.pdf Fecha de consulta:
17/03/2020

El lenguaje inclusivo (palabras, imágenes e íconos) debe estar presente en toda la organización, sus publicaciones internas y externas, y debe también permear a lo largo de todo el Capital Estructural. Se destaca la importancia nuevamente de que la utilización de este lenguaje debe estar incorporado casi de forma inconsciente en los altos mandos de la organización, y en todos sus discursos y comunicación con el resto del personal y **stakeholders**. De esa forma se logrará que todas y todos sus integrantes implementen e incorporen casi de forma natural este mecanismo tan esencial en la comunicación pro-diversidad e inclusión.

En este capítulo vimos como la inclusión promueve el sentimiento de pertenencia, de trabajar con un sentido y el bienestar de las personas, mientras que la diversidad promueve la creatividad, la capacidad de resolución y la innovación. Ambas son un elemento clave para alcanzar la equidad, al tiempo que permiten maximizar los beneficios para la organización y cada uno de sus talentos. En los próximos dos capítulos analizaremos los pasos para crear estos ambientes inclusivos, y sobre todo cómo medir los avances en nuestros logros mientras avanzamos hacia una organización que aprende, abierta a la diversidad.

Antes te pasar al siguiente capítulo, valdría la pena repasar estas preguntas poderosas, que nos ayudarán a entender cuáles son las bases para una organización inclusiva: la diversidad, la equidad y la inclusión.

Te invito a unos minutos de reflexión para que las repases con detenimiento. Léelas una a una y luego, cierra los ojos y proyecta a tu equipo de trabajo en tus respuestas.

1. ¿Qué tan seguro te sientes de cuánto los conoces? ¿Sabes de donde vienen y cuáles son sus aspiraciones?
2. ¿Podrías afirmar que tu organización no sólo es diversa, sino que es inclusiva con todos los talentos que la componen?
3. Recuerda que cuando un grupo de personas no comparte los mismos beneficios que las demás, los mismos se convierten en privilegios. ¿Confías en que tu organización esta siendo 100% equitativa?
4. ¿Puedes detectar qué cosas en esta organización sientes que no están funcionando bien? ¿Qué puedes hacer al respecto para mejorarlas?
5. ¿Qué podrías hacer específicamente para ayudar a romper silos y mejorar la comunicación entre los distintos equipos de trabajo?

6. ¿Eres consciente de cómo están jerarquizadas las conversaciones en tu equipo de trabajo? ¿Puedes observar que hay personas que "monopolizan" las conversaciones, mientras que otras son relegadas?

7. La estrategia de rotar el mando de las reuniones ha comprobado ser muy eficiente para empoderar a las personas: ¿te animas a incorporarla en tu próxima reunión? En caso de que no, ¿qué te lo impide?

8. ¿El equipo de reclutamiento tiene actualmente un procedimiento que asegura la entrada de talentos diversos, basado en preguntas objetivas que no den espacio a subjetividades?

9. ¿Está tu organización comunicando eficientemente el Código de Ética o la declaración de Igualdad de Oportunidades?

10. ¿El lenguaje que utilizan nuestras formas internas y externas de comunicarnos reflejan realmente el compromiso con la igualdad de género? ¿Existen algunos sesgos sexistas en nuestras imágenes o símbolos?

CAPÍTULO 3

MEJORES PRÁCTICAS: CREANDO UNA CULTURA INCLUSIVA PARA GENERAR UN MEJOR AMBIENTE

"Inclusión y equidad en el lugar de trabajo no es simplemente lo correcto; es lo más inteligente".

Alexis Herman[31]

"Me confié de las políticas de inclusión de mi empresa. Cuando me trasladaron a Panamá, todos en el departamento de Recursos Humanos de la compañía sabían que estaba fuera del clóset porque me iba a mudar con mi pareja.

Cuando ya estaba en el país, mi jefe sentía que me había hecho un "favor" al incluir a mi pareja en el paquete de traslado.

Finalmente, y por azares del destino, mi pareja y yo nos separamos, por lo que no se mudó conmigo.

Continué mi vida en este nuevo país sin imaginar lo que me esperaba. Como ellos no tenían más información con respecto a mi vida personal, un día me vieron salir con este nuevo chico y pensaron que estaba engañando a mi ex. Un día, alguien le contó a mi jefe y el, sin medir palabras me dijo: "Si yo tuviera un amante, yo no la llevaría a cenar a restaurantes".

En ese momento yo no tenía la madurez ni la seguridad suficientes como para manejar esa situación adecuadamente. El temor de que pudiera afectarme en mi trabajo me alejó de la posibilidad de levantar una querella formal ante el departamento de RRHH. No hice valer mi

---

31 Alexis Herman ha sido directora de The Coca-Cola Company desde 2007, y participa en la Junta de Diversidad de otras compañías multinacionales. Fue Secretaria de Trabajo de los Estados Unidos desde 1997 a 2001.

posición y mucho menos respeto a mi privacidad.

Ese comentario lo que realmente hizo fue hacerme sentir avergonzado de mí mismo. Yo, con mi inacción, le di 'permiso' a mi jefe para que comenzara a hacer chistes sexistas y homofóbicos en mi contra, como: "ay, no seas puñal", que, en México, de donde soy natural, es un nombre despectivo para referirse a un hombre gay.

Como si fuera poco, también me excluyó de algunas conversaciones entre mis colegas porque era un asunto entre 'machitos' y yo, que era uno de sus colegas, no tenía espacio en ellas. Lamentablemente, parte de esto hizo que no renovara mi contrato en esa empresa".

Esta situación que enfrentó Gonzalo, un hombre de 38 años, en su antiguo trabajo es común en muchas áreas de trabajo enmarcadas en una cultura tradicional empresarial[32]. Pero para sobrevivir un evento como este, no solo nos podemos valer de la madurez de cada persona, sino de los recursos que ofrece una compañía para sus empleados.

Seguramente, si él hubiese formado parte de una empresa con grupos de recursos para empleados, otra hubiese sido la historia.

3.A. SON CLAVE LOS GRUPOS DE RECURSOS PARA EMPLEADOS (ERG)

Fomentar los **Grupos de recursos para empleados** (ERG, por sus siglas en inglés) dentro de la organización promueve el desarrollo profesional a través del **mentoring,** el fortalecimiento de lazos personales, el voluntariado y el involucramiento en la sociedad. A su vez, les permiten a sus miembros unirse en una sola voz y así tener la oportunidad de lograr un impacto positivo en el negocio.

Un ERG, del inglés **Employee Resource Groups**, son agrupaciones de empleados de

---

32 Entre los resultados de la primera Encuesta Latinoamericana sobre diversidad sexual, acoso, violencia y discriminación en el ámbito laboral realizada por la consultora NODOS, el 37% de los encuestados expresó haber sufrido algún tipo de acoso o discriminación por diversidad sexual, y sólo el 14% se animó a realizar una denuncia. Fuente: https://www.nodosconsultora.com/2020/06/29/primeros-hallazgos-encuesta/ Fecha de consulta: 13/09/2020

una misma organización que comparten intereses o rasgos en común. Generalmente se basan en proporcionar apoyo, mejorar el desarrollo profesional y contribuir al crecimiento personal en el entorno del trabajo.

En el pasado, tradicionalmente estos grupos se centraban en los rasgos de personalidad o características de entidades subrepresentadas, por ejemplo: género, orientación sexual o raza, etc. Con el resurgimiento de estas agrupaciones en el lugar de trabajo, los ERG se están expandiendo a grupos "basados en intereses" o con un trasfondo similar, reunidos alrededor de actividades particulares.

Los ERGs, presentes en la mayoría de las empresas multinacionales, son la cara visible del compromiso con la diversidad y la comunidad LGBTQ en su conjunto, ya que no solo realizan actividades internas de promoción, capacitación e integración, sino que participan de las actividades externas como la marcha del orgullo, representación en congresos y seminarios sobre temas de inclusión, y contacto con otras organizaciones y cámaras de comercio.

Son también un **pool** de ideas para generar nuevos productos y servicios enfocados en la comunidad LGBTQ, y también producir infomerciales o cortos que muestren historias que relacionen a la organización con el colectivo.

Los grupos de recursos para empleados nacieron como resultado del conflicto racial que surgió durante la década de 1960, como pequeños foros de empleados, informales e independientes. Actualmente se atribuyen a contribuir al éxito de una organización en muchas áreas, como reclutamiento y retención, desarrollo de producto, creación de un ambiente de trabajo positivo y de apoyo, y ayudando al compromiso con la diversidad y la inclusión[33].

Como resultado, los ERG se han popularizado en el sector corporativo. Según la firma de consultoría de recursos humanos, CEB Global, el 90% de las compañías Fortune 500 tienen ERG para respaldar sus esfuerzos de diversidad.

---

33 Bonyuet, Derrick. How Employee Resource Groups Create Value for the Organizations. http://www.aabri.com/OCProceed2018/OC18021.pdf Fecha de consulta: 20/11/2019

Algunas empresas como DELL, el gigante de computadores y soluciones tecnológicas[34], por ejemplo, han demostrado que los ERGs han impactado en el negocio y en el desarrollo de la estrategia de innovación de diferentes maneras:

- Promueven la innovación.
- Dan forma a la cultura organizacional.
- Empoderan y funcionan como grupo de contención para los empleados.
- Desarrollan líderes internos.
- Aumentan la lealtad de los consumidores.
- Atraen y retienen los mejores talentos.
- Tienen un impacto positivo en la comunidad.

Las principales empresas multinacionales, que cuentan con cientos o miles de empleados, generalmente poseen similares tipos de ERG. Es importante destacar que estos grupos deben estar abiertos a todas las personas que quieran participar en ellos. El hecho de que una persona no posea una de las características específicas del grupo no implica que no pueda estar activa en ese grupo, ya que existe la posibilidad de entrar como "aliado" o "aliada".

Generalmente, cuando la constitución de un ERG surge orgánicamente, se dan cuatro etapas:

Club social **(social club)**

Apoyo al empleado (employee support)

Consejero de confianza (trustedadvisor)

Defensor de negocios (business advocate)

---

34 *Employee Resource Groups: https://www.dell.com/learn/us/en/uscorp1/diversi-ty-resource-groups*

El **CLUB SOCIAL** representa la forma más básica y el foco principal de cualquier ERG y su objetivo es crear interacciones sociales para celebrar las afinidades de los empleados y crear un sentimiento de pertenencia a una comunidad particular dentro de la organización. Los grupos de recursos para empleados en esta categoría pueden tener un alcance y recursos limitados, y las actividades pueden no estar bien estructuradas. Algunas actividades o prácticas más comunes del club social incluyen realizar campañas de concientización, celebraciones en días específicos, actividades de pertenencia y eventos de **networking**.

El **GRUPO DE APOYO AL EMPLEADO** incluye aquellas prácticas que conducen a mejorar el compromiso de las personas con la organización, así como también a retener y desarrollar el talento de estas: mentoring, coaching, talleres para desarrollar habilidades de liderazgo, capacitaciones, entre otras. Las actividades más comunes pueden incluir talleres o **workshops** de carrera, programas de desarrollo y paneles de carrera con altos ejecutivos.

La categoría de **CONSEJERO DE CONFIANZA** implica que el ERG deba jugar un rol más serio a la hora de velar por los intereses de sus miembros. Implica realizar encuestas e investigaciones con organizaciones profesionales para compararse con otras compañías, compartir conocimiento y las mejores prácticas del mercado. Algunas actividades claves en esta categoría incluyen realizar alianzas con organizaciones externas y la administración de recursos económicos para solventar actividades relacionadas al grupo

La categoría de **DEFENSOR DE NEGOCIOS** incluye a aquellos ERG que han logrado exitosamente integrar sus mejores prácticas con los conductores claves del negocio para lograr el potencial máximo del capital humano de la organización. Algunas de las prácticas incluyen soporte a los clientes, campañas de marketing y testeos de productos.

Los miembros del ERG pueden comprometerse a evaluar la efectividad de las campañas de marketing o probar nuevos productos en nuevos mercados o segmentos específicos. A su vez, ya en esta etapa, estos grupos buscan tener un impacto con el resto de los **stakeholders** externos de la organización, y convertirse en modelo a seguir para los ERGs de otras organizaciones. Pueden tener participaciones en foros y seminarios de Diversidad e Inclusión, así como formar alianzas con Cámaras de

Comercio o fundaciones relacionadas a sus objetivos y valores.

Los ERG son un elemento clave para crear valor para la organización, no solo porque promueven la innovación y desarrollan el liderazgo, sino que principalmente atraen y ayudan a retener a las personas, que son el recurso más valorado en la nueva economía del conocimiento.

3.B. EJEMPLOS DE ERG

Las opciones para crear un grupo de recursos para empleados son infinitas. Sin embargo, a continuación, presento los más representados en las empresas más inclusivas, según DiversityInc, una de las publicaciones más importante sobre diversidad.

A efectos de este ejemplo, se describen los ERG actuales de la compañía DELL:

Asian in Action	• Personas asiáticas
Caregivers	• Personas dedicadas al cuidado de los demás
Gen Next	• Nuevos empleados y jóvenes profesionales
Latino Connection	• Personas latinas e hispanas
Planet	• Personas ambientalistas enfocadas en la sustentabilidad
True Ability	• Personas con capacidades diferentes
Women in action	• Mujeres
Black Networking Alliance	• Personas negras, Africanas & Afroamericanas
Conexus	• Personas que trabajan a distancia (virtual)
Interfaith	• Diferentes religiones
Mosaic	• Inteligencia cultural
Pride	• Personas LGTBTQ+
Veterans & Supporters	• Veteranos/as de guerra

Basados en esta gráfica, podemos observar que las características de un ERG sobrepasan los rasgos físicos o de género, y es que actualmente pueden surgir con el simple hecho de que las personas compartan intereses en común.

Y es importante destacar la palabra "interés", ya que, en este contexto, la misma no hace referencia al simple hecho de compartir gustos, sino al hecho de creer en una misma causa. La existencia o creación de un grupo de apoyo en una organización debe estar basada en la creencia de que los empleados que comparten una idea pueden generar un impacto y un cambio en la sociedad, apoyados por el contexto de su compañía. Y no solo externo, sino interno.

La visibilidad de un ERG dentro de una compañía es un factor clave para que personas que compartan esos intereses se animen a sumarse al mismo sin el miedo de ser excluidos del resto o sin el miedo de poder externalizar una idea que en otro contexto no se animarían.

También, es importante lograr medir el compromiso de los colaboradores en su participación a algún tipo de ERG. Esta cifra es utilizada para medir el avance en inclusión y diversidad de las diferentes empresas. Un número aceptable actualmente ronda entre el 35% y el 40% del total del personal, y puede servir como meta medible y alcanzable para una compañía que está comenzando en temas de diversidad e Inclusión.

De la lista de las diez compañías más diversas e inclusivas según DiversityInc, casi el 45% de la nómina forma parte activa de un ERG[35]. A su vez, en más del 70% el **C-Level** está firmemente comprometido con el desarrollo de estos grupos, por lo que lo apadrinan y apoyan su desarrollo a lo largo y ancho de la organización.

No necesariamente participar de un ERG aumenta la posibilidad de ascender en la carrera dentro de una compañía, ya que ese tema debiera estar asociado a métricas de desempeño. Sin embargo, en la mayoría de estas empresas multinacionales, es casi obligatorio la participación de altos mandos en algún ERG, así como también de

---

35 Facts & Figures: https://www.diversityinc.com/facts-figures/. Fecha de consulta: 09/10/2019

los directores y directoras de los diferentes departamentos.

Esto es evaluado como un punto favorable a la hora de considerar ascensos, y participar en las métricas que se utilizan para comparar las buenas prácticas de las empresas. Además, el compromiso de estos ejecutivos termina siendo un factor determinante para el éxito o fracaso de los ERG. Hasta se les ha dado un nombre dentro de la literatura organizacional sobre la diversidad e inclusión: "Executives Key Sponsors".

3.C. EL "KEY SPONSOR" DEL ERG

Ya mencionamos que los ERG son recursos de alto potencial para impulsar la innovación y la responsabilidad de las empresas. Sin embargo, no todos los ERG tienen el mismo peso dentro de la organización, o se encuentran en diferentes etapas de desarrollo, en las que requieren mayores cantidades de recursos, ya sea económicos, tecnológicos o de personal.

Es aquí donde entra una figura clave para el éxito de estos dentro de las empresas: el "Executive Key Sponsor" (**Patrocinador ejecutivo clave**).

Según Jeniffer Brown, el ERG Executive Sponsor "**suele ser un líder con alto rendimiento, respetado e influyente, asignado como mentor y defensor de un ERG específico. A veces estos líderes comparten la misma identidad diversa de los miembros del ERG asignado, y a veces no, sino que sirven como "aliados"**[36]

Independientemente de si comparten o no las características del grupo, en la mayoría de los casos los patrocinadores ejecutivos de ERG han demostrado creencia y pasión por la misión de la diversidad e inclusión de la organización. Estos patrocinadores aprenden de los miembros del ERG sobre los desafíos que son enfrentados por aquellas personas que son diferentes de alguna manera de la mayoría del lugar de trabajo a su alrededor, y se convierten en jugadores claves para fortalecer la diversidad e inclusión:

---

36 Brown, Jennifer: Executive Sponsors. Fuel High-Performing ERG. (online) http://jenniferbrownconsulting.com/wp-content/uploads/2015/05/JBC_Executive_Sponsor_White_Paper-May-2015.pdf Fecha de consulta: 20/03/2020

- Desafían a los equipos a explorar una visión mucho más atrevida de lo que es posible.
- Colaboran para establecer las metas, estándares y métricas que generan acción y movimiento hacia la realización la visión.
- Entrenan y motivan al equipo, especialmente cuando surgen obstáculos.
- Aprovechan su influencia y poder dentro de la organización para ayuda a lograr resultados sobresalientes.

Según Brown, los patrocinadores pueden tomar cinco roles esenciales:

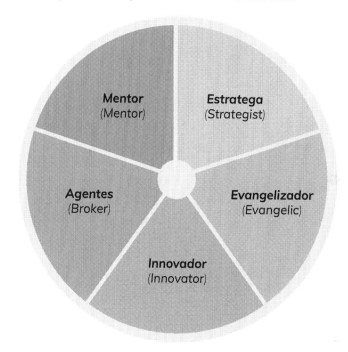

Un **ESTRATEGA** define una misión y visión para el ERG, reúne la información necesaria para tomar decisiones críticas y proporciona consejo proactivo para ayudar alcanzar mayores metas y mejor impacto. Enfoca las ambiciones del grupo con el objetivo de lograr el equilibrio apropiado entre los intereses de los ERG locales y los objetivos de la red a nivel regional o internacional.

Un **EVANGELIZADOR** es representante público que aboga no sólo por el ERG en sí mismo, sino también por la causa que el grupo representa. Actúa como campeón del

ERG y de la diversidad e inclusión a nivel ejecutivo (**C-Level**), mientras que aboga por la posición del ERG en cuestiones que requieren firmas y aprobaciones.

Un **INNOVADOR** utiliza la creatividad para identificar mejoras en la estructura o gobernanza e iniciar nuevos métodos o ideas para solucionar ineficiencias. Desafía a los equipos a perseguir una visión mucho más atrevida de lo posible.

Un **AGENTE** tiene la capacidad de alcanzar líderes con influencia en la organización para arreglar o negociar recursos, así como también acceder a oportunidades de crecimiento. Gestiona presupuesto de parte de la organización para financiar las actividades del ERG, y conecta con personas importantes y organizaciones fuera de la empresa.

Un **MENTOR** ayuda a potenciar los talentos, alimenta el potencial de las personas y desarrolla la excelencia en los demás. Utilizando técnicas de coaching transformacional modela la autenticidad y el liderazgo inclusivo, alineándolo con los valores organizacionales, competencias de liderazgo u otros modelos de desempeño preexistentes.

No es que exista entre estos cinco, un rol primordial que deba tener nuestro "Key Sponsor", ya que su rol debe ser una combinación de todos. Sin embargo, dependiendo la etapa en la que se encuentre el ERG será más importante la influencia de nuestro patrocinador.

Por ejemplo, un ERG que está comenzando precisa en primer lugar determinar la visión e impacto que desea tener dentro de la organización. Es aquí donde se necesita que nuestro patrocinador tenga un rol mucho más de estratega o mentor. Una vez que el ERG comience a funcionar, reclutando nuevos integrantes será necesario que apoye con una visión innovadora que busque nuevas actividades, y permita fomentar la creatividad. Al lograr un peso destacable dentro de las organizaciones es clave el rol del agente, ya que permite mover recursos dentro de la organización para llevar a cabo proyectos mucho más ambiciosos, ya sea a nivel interno como en contacto con otras organizaciones o agentes sociales. Es destacable algunos casos como los de DELL o Procter & Gamble, que el ERG LGBTQ ha tomado un impacto casi global, realizando congresos que reúnen a miles de personas en apoyo de organizaciones como OUT & EQUAL, Pride Connection o IGLTA.

PREGUNTAS PODEROSAS PARA REFLEXIONAR:

1. Si tu ERG no cuenta con un patrocinador ¿conoces alguien de tu organización que podría serlo?

2. De los 5 roles, ¿cuál crees qué es el más necesario en este momento para tu erg?

3. Si cuentas con un patrocinador, ¿qué rol se encuentra ejecutando ahora? ¿crees que podría realizar otro rol para potenciar su impacto?

4. Y si tu eres ese patrocinador, ¿en qué rol te estas enfocando? ¿crees que podriás hacer algo diferente?

3.D. ETAPAS PARA FORMALIZAR UN AMBIENTE INCLUSIVO

A continuación, se presentan tres etapas para definir la estrategia de crear un ambiente inclusivo en el lugar de trabajo[37]. Las etapas destacadas a continuación están apuntadas a crear espacios seguros para el colectivo LGBTQ en las empresas, pero pueden ser utilizadas independientemente para desarrollar cualquier otro tipo de ERG.

---

37 Basadas en "Guía de Gestión de Diversidad en DELL". Documento Confidencial.

ETAPA 1: EVALUANDO LA SITUACIÓN ACTUAL	ETAPA 2: GANANDO IMPULSO	ETAPA 3: REALIZACIÓN
Entrenamiento sobre diversidad	Concejo de diversidad	Diversity Manager
Sesgos inconscientes	Estructura de diversidad	Comunidad y abogacía
Revisión de políticas	Beneficios internos	Monitoreo
Cultura corporativa	Cultura corporativa	Beneficios globales (Benchmarking)
	Posicionamiento en el mercado (Marketing)	Posicionamiento en el mercado (Producto)
		Alianzas

ETAPA 1: EVALUANDO LA SITUACIÓN ACTUAL

En esta etapa inicial se busca comenzar a construir inclusión y gestionar sesgos. Será prioritario desarrollar la capacidad para manejar y comprender los sesgos y prejuicios que poseemos como seres humanos. La identificación de estos "**bias o perjuicios**", así como comenzar a trabajar sobre la autoconciencia de los altos mandos sobre el tema de la diversidad es un paso de suma importancia para la construcción de una organización más inclusiva.

Antes de comenzar a realizar el proceso desde cero, se recomienda revisar previamente si existen políticas a nivel global o regional sobre cómo gestionar la diversidad, o confirmar la existencia de Concejos Ejecutivos de Diversidad.

Además, la ampliación del programa de diversidad centrándose en personas que se consideran dentro de las minorías organizacionales, empleados con discapacidades y empleados LGBT+, ayudará a permitir una cultura más inclusiva en toda la compañía.

ENTRENAMIENTO SOBRE DIVERSIDAD

- Identificar asuntos organizacionales que afectan a los empleados LGBTI.
- Proporcionar capacitación sobre diversidad a todos los empleados que incluya

una referencia específica a los asuntos LGBTI.

- La formación LGBTI debe centrarse en el caso de negocio para la inclusión, así como el papel y la importancia de los aliados.

- Comenzar a gestionar capacitaciones en relación con el manejo de los prejuicios, estereotipos y sesgos (inconscientes o no) que afectan a todas las personas de la organización.

CARACTERÍSTICAS DE LOS SESGOS IMPLÍCITOS

Son generalizados. Todos los poseen, incluso personas con compromisos de imparcialidad, como jueces.

Están relacionados con nuestros sesgos explícitos, pero son construcciones mentales distintas.

No necesariamente se alinean con nuestras creencias declaradas o incluso reflejan posturas que respaldaríamos explícitamente.

Generalmente **favorecen a nuestro propio grupo,** aunque la investigación ha demostrado que podemos mantener sesgos implícitos contra nuestro grupo.

Son maleables. Nuestro cerebro es increíblemente complejo, y las asociaciones implícitas que hemos formado se pueden desaprender gradualmente a través de una variedad de técnicas de coaching.

Antes de avanzar es necesario recordar que en este camino hacia una organización inclusiva las suposiciones previas o sesgos implícitos juegan un rol importante como barreras que limitan el avance. Según un estudio de Kirwan Institute at Ohio State University: *"los mismos hacen referencia a las actitudes o estereotipos que afectan nuestra comprensión, acciones y decisiones de manera inconsciente. Estos sesgos, que abarcan evaluaciones favorables y desfavorables, se activan involuntariamente y sin el conocimiento o control intencional de un individuo. Residiendo profundamente en el subconsciente, estos prejuicios son diferentes de los prejuicios conocidos que los individuos pueden optar por ocultar con fines de corrección social y/o política"*[38].

---

38 Kirwan Institute for the Study of Race and Ethnicity. Understanding Implicit Bias. (online) http://kirwaninstitute.osu.edu/research/understanding-implicit-bias/ Fecha de consulta: 05/08/2018

Además de estos sesgos inconscientes, existen otros tipos de sesgos.

SESGO DE SIMILITUD (*similarity bias*):
Inconscientemente, el ser humano es propenso a considerar más idóneo para el puesto de trabajo a aquellas personas que piensan como el entrevistador o que tienen características similares. Esto acaba generando plantillas menos diversas.

SESGO DE PROXIMIDAD: en ocasiones se tiende a promocionar a alguien simplemente o por ser cercano al entorno de trabajo, sin valorar objetivamente otras opciones que son desconocidas, pero pueden ser mucho más aptas para el trabajo que se requiere. Por ejemplo, una persona promocionada a otro país tenderá a llevarse a su equipo de confianza.

SESGO ESTRUCTURAL (*structural bias*): Más allá de los prejuicios que residen en los individuos, algunos prejuicios se encuentran reforzados por la estructura organizacional, y también pueden ser perjudiciales para desarrollar talentos diversos. Aunque muchas de estas desigualdades estructurales no son intencionales, sin embargo, pueden tener un efecto muy real e influencia profunda en las realidades diarias y las carreras profesionales de los empleados afectados. Cuando una estructura organizacional favorece las características de un grupo sobre otro, estos favoritismos se expresan en las evaluaciones de desempeño como micro inequidades. El sesgo estructural puede afectar la gestión del talento no solo en los grupos que limita, sino también en los grupos que potencia.[39]

ESTEREOTIPOS: consiste en la percepción exagerada y con pocos detalles, simplificada, que se tiene sobre una persona o grupo de personas que comparten ciertas características, cualidades y habilidades, (por ejemplo, mujeres, Latinxs, contadores, judíos, fumadores, personas tatuadas, etc.), y que busca justificar o racionalizar una cierta conducta en relación con determinada categoría social. Los estereotipos pueden influir en el proceso de selección de talentos, ya que en una entrevista el evaluador supone que el individuo posee todos los rasgos estereotípicos

---

39 Traub, Leslie (2013). *Bias in performance management review process*. (Online) http://www.cookross.com/docs/unconsciousbiasinperformance2013.pdf Fecha de consulta: 12/04/2020

asociados con ese grupo y permite que estos supuestos coloreen la calificación de la persona.

REVISIÓN DE POLÍTICAS

- Evaluar las políticas de los Concejos Ejecutivos de Diversidad a nivel global o regional. La membresía para este tipo de grupo consiste en líderes que representan todas las funciones comerciales de la empresa y generalmente son dirigido por algún representante del C-Level o de la Dirección de Diversidad. Este equipo es responsable de desarrollar una estrategia integral de diversidad integral de la compañía.

- Redacción o revisión de la Carta del Concejo de Diversidad, que describa la visión, misión, objetivos, asignaciones de liderazgo, criterios de membresía, responsabilidades, y procedimientos operacionales.

- Asegurarse de tener una política de igualdad de oportunidades que incluya la orientación sexual y la identidad o expresión de género, que se publique claramente a todos los empleados a nivel global.

- Prohibir la discriminación basada en la orientación sexual y la identidad o expresión.

- Mantener a los líderes responsables de hacer cumplir estas políticas en sus equipos.

CULTURA CORPORATIVA

- Comprometerse con el liderazgo superior para obtener su apoyo, para esto será clave crear un enfoque y una estrategia de alto impacto en el C-Level.

- Comunicar a todos los empleados cómo la compañía apoya y valora su fuerza de trabajo LGBTI.

- Participar con el personal LGBTI a través de carteles, correos electrónicos o páginas de intranet, reuniones de diversidad, etc.

- Comunicar el Código de Conducta.

Ejemplo de algunos asuntos organizacionales que afectan a los empleados LGBTQ

Proceso de reclutamiento	¿Se recluta activamente personas LGBTI y somos abiertos sobre el tema ?
Beneficios maritales	¿Se ofrecen beneficios maritales también a parejas del mismo sexo?
ERG	¿Existe ya algún grupo o club social dedicado a trabajadores LGBTI y aliados?
Códigos	¿Existe Códigos de Conducta o de ética que regulen el buen comportamiento de los empleados?
Políticas	¿Existen o se aplican políticas contra acoso sexual?
Contenido Web	¿Nuestras redes sociales y página web incluyen contenido apuntando a trabajadores y clientes LGBTI?
Inclusión	¿Promovemos políticas para incluir colaboradores transgénero?
EEO	¿Existen políticas de Igualdad de oportunidades de Empleo - Equal Employment Opportunity (EEO)?
Estándares Vestimenta	¿Hay restricciones de vestimenta que limiten la expresión de género de las personas?

ETAPA 2: GANANDO IMPULSO

En esta etapa comienza la profunda revisión y actualización de las políticas actuales de la organización y la evaluación de aquellas que necesiten ser reemplazadas o incorporadas. Aquí es donde es necesario un mayor involucramiento de los altos mandos, para el desarrollo de los Concejos de Diversidad.

Es la etapa de los gerentes liderando la agenda, en la que se pasa de un enfoque centralizado en recursos humanos, a uno en el que los **managers** lideren y promociones las acciones dentro de sus equipos.

ESTRUCTURA DE DIVERSIDAD

- Identificar y comprometer a un patrocinador ejecutivo (Executive Sponsor) aliado para su ERG, para liderar el programa de inclusión y diversidad.
- Establecer un Concejo Local de Diversidad, delineando la misión, visión y objetivos, así como también las jerarquía, responsabilidades y procedimientos.
- Liderar el lanzamiento de su ERG LGBTI con una campaña de aliados, ya que los miembros del equipo LGBTI pueden estar reticentes a salir o participar, especialmente en mercados sensibles o más conservadores.

- Establecer un ERG donde haya interés, en lugar de lanzar y esperar a que las personas se unan.
- Ofrecer un medio por el cual los individuos puedan unirse anónimamente a un ERG o seguir las noticias o desarrollos de inclusión LGBTI.
- Ofrecer líneas o canales directos y confidenciales para reportar casos de discriminación.
- Respetar y honrar la confidencialidad.

BENEFICIOS INTERNOS

- Realizar una revisión de los beneficios internos de la organización para comprender dónde puede haber brechas en la cobertura de estos de forma homogénea para los empleados LGBTI.
- Ofrecer beneficios o apoyo específicos LGBTI, como mentores o consejería.
- Ofrecer beneficios a los empleados para cubrir a sus parejas del mismo sexo sin importar su estado civil, orientación, expresión o identidad.
- Revisión de la gestión de políticas actualizadas en la Etapa 1.
- Desarrollar políticas y procedimientos para manejar la intimidación y el acoso relacionados con temas LGBTI.
- Promover políticas para incluir colaboradores transgéneros.
- Establecer una Declaración de Igualdad de Oportunidades en el Empleo.

CULTURA CORPORATIVA

- Capacitación de personas en todos los niveles sobre temas como sesgo inconsciente y otros tipos de sesgos. Incluyendo temas como Glass Ceiling (techo de cristal) – limitaciones inconscientes que restringen las carreras profesionales de algunas personas, difícil de traspasar y que les impide seguir avanzando.
- Integrar estrategias de diversidad e inclusión en el reclutamiento, gestión del desempeño, evaluación de liderazgo, capacitación y entrenamientos.
- Establecer el uso de baños neutros, sin distinción de género, para apoyar a trabajadores trans o no binarios.
- Comunicación y celebración de fechas significativas en lo que respecta a

diversidad e identidad cultural[40].

POSICIONAMIENTO EN EL MERCADO

- Participar en un marketing respetuoso y apropiado para la comunidad LGBTI.
- Modificar algunos productos o servicios, de forma permanente o temporal, que incluyan en su packaging o posean etiquetas con la bandera LGBTI o de alguna de las que represente algún grupo de la comunidad.
- Generar contenido publicitario que represente a todos los sectores, e incluya claramente personas de la comunidad LGBTQ, Drag Queens, Drag Kings, etc.

ETAPA 3: REALIZACIÓN

El proceso de creación de un ERG se consolida con la realización y el pleno funcionamiento del Concejo Local de Diversidad y, dependiendo del tamaño de la organización, con la incorporación de un **Diversity Manager**. Además, los esfuerzos del ERG permean la organización considerando un aspecto social y la relación con el resto de los **stakeholders**.

Para esto es vital el compromiso en todos los niveles: aumentar la conciencia de los empleados sobre la importancia del caso de negocio para la diversidad, y el papel que pueden desempeñar en la construcción de una cultura de inclusión.

Es importante no dejar de lado que, en algunas ocasiones, las compañías se enfocan en cierto grupo de interés a efectos de dirigir la atención de la diversidad. Un ERG integral debe velar que el resto de las minorías que no entran bajo su espectro no queden aisladas o sin una voz dentro de la organización.

COMUNIDAD Y ABOGACÍA

- Nombrar y empoderar la figura del "Diversity Manager", "D&I Champion" o "Out Role Model", cuya función es promover el conocimiento de los asuntos que afectan la igualdad, la diversidad e inclusión, mejorarlos e integrarlos dentro de su departamento

---

40 Puedes ver el calendario en el siguiente link www.diegotomasino.com

en colaboración con los ERG y otros equipos de Diversidad e Inclusión.

- Participar en esfuerzos externos específicos a LGBTI en mercados locales, incluyendo: reclutamiento, diversidad de proveedores, marketing o publicidad, filantropía, grupo sin fines de lucro o apoyo público para la igualdad LGBTI.
- Ser un modelo visible para la igualdad en el lugar de trabajo LGBTI en los mercados locales en los que la empresa opera.
- Compartir las mejores prácticas con otros agentes de la comunidad local.

MONITOREO

- Promover reuniones trimestrales del Concejo Local de Diversidad, y semestrales con los Concejos Ejecutivos.
- Incluir orientación e identidad como un punto de datos opcionales en encuestas de empleados o formularios de recopilación de datos.
- Seguimiento de las métricas de reclutamiento y desarrollo profesional para los empleados LGBTI que optan por auto identificarse.
- Seguimiento de las quejas de los agravios reportados involucrando a empleados LGBTI.

BENEFICIOS GLOBALES O REGIONALES

- A nivel mundial, ofrecer beneficios a todos los empleados para cubrir a sus parejas del mismo sexo, independientemente de su estado civil, orientación, expresión o identidad.
- Realizar investigaciones o benchmarking sobre los beneficios otorgados por otras compañías a sus talentos a nivel global. Esto se puede realizar a través de la participación en encuestas, Cámaras de Comercio, o Redes de networking.

POSICIONAMIENTO EN EL MERCADO

- Asociarse con sus ERG para identificar oportunidades para reflejar las necesidades de los clientes LGBTI en sus ofertas de productos o servicios.
- Comprometer y hacer responsable a su empresa participando en encuestas de terceros y compitiendo en programas de premios de organizaciones externas para medir los avances y compararse con el mercado.

- Crear o modificar algunos productos o servicios específicos que apunten exclusivamente a las necesidades de la comunidad LGBTQ. Por ejemplo, seguros para parejas del mismo sexo, productos de belleza para la comunidad trans, vestimenta **gender neutral**, cosméticos para Drag Queens, gestiones legales de adopción para parejas del mismo sexo, o realización de declaraciones de impuestos, etc.

ALIANZAS

- Buscar el apoyo del gobierno local, comenzando con el municipal o distrital, para generar un impacto más visible en la sociedad donde se maneja nuestra organización.
- Participar de redes internacionales de empresas inclusivas como Pride Connection. Entre los principales beneficios de formar parte de esta red se destacan el posicionamiento de marca como una empresa ejemplar inclusiva, promoción de vacantes, acceso a eventos de aprendizaje corporativo, asesoría de expertos y mejora comprobada del ambiente laboral.
- Asociarse con Cámaras de Comercio LGBT, elemento fundamental para conectar a las organizaciones y generar negocios entre los empresarios de diferentes países. El objetivo en común de las cámaras es diseñar estrategias conjuntas, apoyar el desarrollo de negocios y productos dirigidos al segmento que conforman el colectivo LGBTIQ, potenciar y promover el turismo, y fortalecer vínculos con las empresas para las que la diversidad es un valor central. En el siguiente link podrás encontrar algunas entidades que se han destacado por la promoción de los negocios en Latinoamérica, Estados Unidos y Europa[41].

El siguiente gráfico muestra cómo debería verse el proceso finalizado de la construcción de la estructura del Concejo de Diversidad Empresarial dentro de una organización.

---

41 La mayoría de estas Cámaras son relativamente nuevas en su formación. Una de las primeras fue la Cámara de Comercio LGBT Argentina (CCGLAR) en 2010. El resto han comenzado a consolidarse a partir de 2015 aprovechando el desarrollo a nivel regional de organizaciones en pro de la inclusión, así como el impulso que ha tenido la aprobación del matrimonio igualitario en varios países.

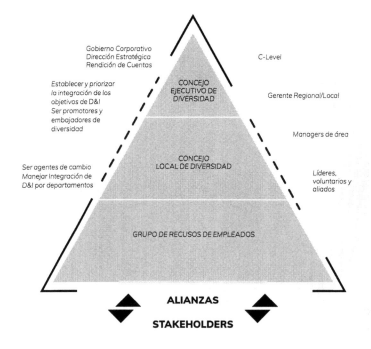

Gobierno Corporativo
Dirección Estratégica
Rendición de Cuentas

C-Level

CONCEJO
EJECUTIVO DE
DIVERSIDAD

Gerente Regional/Local

Establecer y priorizar
la integración de los
objetivos de D&I
Ser promotores y
embajadores de
diversidad

Managers de área

CONCEJO
LOCAL DE DIVERSIDAD

Ser agentes de cambio
Manejar Integración de
D&I por departamentos

Líderes,
voluntarios y
aliados

GRUPO DE RECUSOS DE EMPLEADOS

ALIANZAS

STAKEHOLDERS

1. ¿Qué tipo de prejuicios he experimentado yo mismo? ¿cómo me ha afectado eso?

2. ¿Qué parte de mi trabajo podría estar siendo afectada por esta decisión?

3. ¿Este empleado o su situación me recuerdan a alguien más? ¿esa asociación es aplicable a esta situación?

4. ¿Hay diferencias entre mi propio estilo de trabajo y el de la persona que estoy evaluando? si es así, ¿están equivocados o simplemente son diferentes? ¿podría darme los mismos resultados? ¿pueden estas diferencias influir en la calificación del empleado?

5. ¿Cuáles imagino que son las aspiraciones de desarrollo profesional de este empleado? ¿es esto lo que supongo, o lo que él o ella me ha dicho?

6. ¿Qué estrategias y tácticas puedo poner en práctica para participar plena y conscientemente, dejando a un lado mis filtros?

7. ¿Alguna de nuestras áreas de calificación parece favorecer un género, cultura o estilo de liderazgo sobre otro?

8. ¿Alguna de mis creencias personales puede estar afectando la forma en que estoy considerando a esta persona o sus opiniones?

9. La industria de nuestra organización puede estar manejada por "costumbres" que afectan el trato con otros stakeholders. ¿somos conscientes de las mismas? ¿cómo pueden afectar a nuestros talentos?

10. ¿Todos nuestros empleados y empleadas están recibendo los mismos beneficios independientemente de su sexo, raza, religión u orientación sexual?

CAPÍTULO 4

PARÁMETROS DE MEDICIÓN: DESCUBRIENDO LAS HERRAMIENTAS PARA ALCANZAR EL ÉXITO EN UN AMBIENTE DIVERSO

"Lo que no se define, no se puede medir.
Lo que no se mide, no se puede mejorar.
Lo que no se mejora, se degrada siempre"

Lord Kelvin (1824-1907)

"Me preocupaba la gente que no me conocía, me daba miedo que me valoraran por debajo. Tenía un miedo constante sobre mi crecimiento profesional, y mi futuro en general.

El entorno corporativo en Panamá es mayoritariamente tradicional. El hecho de que mi jefe era extranjero y abierto a la diversidad me permitió sentirme más tranquila de que una de las variables de medición de mis capacidades no serían prejuicios. Ese era mi miedo principal con los corporativos locales, que si bien tienen una estructura más robusta en el mercado por los años que tienen, también son más tradicionales, encasillados y prejuiciosos.

En mi opinión, mi sexualidad influyó totalmente en ser más independiente e innovadora, porque la experiencia de pertenecer a una población discriminada o "prejuzgada" te desarrolla la parte recursiva y, aunque no siempre vas a encontrarte con personas que te discriminan, digamos que ya estás mentalmente preparada para un escenario complejo, así que te esfuerzas más".

Estas son las palabras de Isabel, una joven empresaria que se ha convertido en el ejemplo claro de que romper con las creencias limitantes que no sólo afectan a las personas, sino a todas las organizaciones, es sumamente importante para tener éxito personal y empresarial.

Cuando la entrevisté, se emocionó mucho al recordar el día que abrió por primera vez la puerta de su nueva oficina.

Durante nuestro encuentro, volvió a sentir cómo el sol que repuntaba en la bahía de Panamá acariciaba su rostro mientras abría su laptop y enviaba su primer mail desde su nuevo correo corporativo. Un correo de su propia firma de contabilidad. La embargaba una energía, según me contó, acompañada de un nerviosismo que nunca había experimentado antes, ese que aparece cuando se empieza un nuevo emprendimiento.

Para Isabel, no fue nada fácil tomar la decisión de independizarse. Fue un proceso de años, en el que tuvo que romper varios prejuicios en el camino. No sólo el hecho de identificarse como lesbiana, sino el hecho de ser una joven mujer exitosa en una ciudad dominada por creencias patriarcales y religiosas.

Cuando le pregunté cómo había sido su experiencia de salir del clóset en su primer trabajo, Isabel me comentó que no era la necesidad de ocultar el tema, sino de hacer todo lo posible por evitarlo.

En su ámbito social, el tema de ser lesbiana estaba casi resuelto, porque sabía que era gente que ya "conocía su valor" como ser humano. Pero esto sí le preocupaba en el ámbito laboral. Y mucho. Sentía pánico que su estima o valor como persona disminuyera por ser homosexual.

Pero el panorama cambió en su segundo trabajo, donde su nuevo jefe era extranjero y alentaba abiertamente políticas de inclusión. Estaba en contra de cualquier acto de discriminación y constantemente implementaba nuevas técnicas y conocimientos con todo el equipo de trabajo.

No olvidemos que dar rienda a nuestra sexualidad, acompañada de un proceso de crecimiento profesional y emocional de la mano del coaching ejecutivo, es no sólo una opción que todas y todos debemos tener, sino un derecho universal.

4.A. EL GERENTE DE DIVERSIDAD PARA EL CRECIMIENTO ADECUADO ES FUNDAMENTAL

Si bien las empresas pueden comenzar el proceso de crear ambientes diversos e inclusivos con el simple hecho de contar con empleados lo suficientemente comprometidos y apoyados por la alta gerencia, llegará un momento que se deba formalizar todo este proceso, coordinar el funcionamiento de los ERG, y velar por las buenas prácticas pautadas por el Concejo de Diversidad.

Es en ese momento que surge la necesidad de contratar o buscar internamente la figura del gerente de diversidad, conocido popularmente en inglés como **Diversity Manager** – también llamada "**D&I Champion**" o "**CDO – Chief Diversity Officer**" – cuya función principal será la de fomentar y alentar el diálogo abierto sobre diversidad en toda la organización.

Esta persona será la encargada de desarrollar y ejecutar las estrategias, programas e iniciativas que promuevan la inclusión y diversidad de los talentos. Para eso debe trabajar mano a mano con los grupos de recursos para empleados y cada uno de los empleados, a lo largo y a lo ancho de la organización, con el fin de fortalecer una cultura organizacional que busque la diversidad, promueva la inclusión y genere compromiso y responsabilidad. A su vez, deberá estar a cargo de crear alianzas con otras organizaciones abiertas a la diversidad e implementar programas que la fomenten. No sólo se debe velar por la diversidad dentro de la organización, sino en toda la cadena de valor.

Este rol estará a cargo de la preparación de procesos para recolectar información externa relacionada al gerente de diversidad: realizar encuestas, analizar información de compañías similares (**benchmarking**), capacitarse sobre mejores prácticas, buscar opciones de certificar la organización como ambientes seguros e inclusivos (por ejemplo: Great Place to Work, DiversityInc, etc.). Será responsable también de recolectar información interna, analizar tendencias y poner en práctica la nueva información con el objetivo de fortalecer la cultura organizacional y asegurar la mejora continua.

Algunas otras expectativas de este rol pueden ser:

- Comprender la dirección del negocio y el impacto de la diversidad e inclusión.
- Gestionar y fortalecer relaciones con socios clave, tanto internos como externos.
- Facilitar el proceso para construir y gestionar proyectos relacionados a la diversidad e inclusión, como por ejemplo, la implementación del Concejo de

Diversidad.

- Manejar las comunicaciones sobre temas de diversidad, así como el calendario de fechas clave sobre el tema.

- Planificar eventos, tanto internos como externos, así como reuniones y talleres de concientización.

Los temas de diversidad e inclusión son increíblemente complejos e intrincados, ya que la mayoría de las veces tocan asuntos personales, provocadores y que ponen en juego las creencias y valores de las personas. La verdad es que nadie puede ser un "experto en todo", pero lo que distingue a estos "campeones" de la diversidad, es la capacidad de unir sus experiencias y conocimientos con la capacidad de influir, ser provocativos y proyectarse de una manera que involucre todas las perspectivas y mentalidades, y quizás lo más importante, cuestionar nuestro propio pensamiento convencional.

4.B. ES NECESARIO EL COMPROMISO DE LA ALTA GERENCIA

En este proceso para desarrollar un grupo de recursos para empleados el **C-Level** toma un rol estratégico para que las etapas puedan evolucionar. Como se mencionó anteriormente, para que toda política sea efectiva dentro de una organización y se logre un impacto real, debe estar amparada, apoyada y comunicada por los altos mandos de la organización, ya sea el CEO, director, presidente, o dueño.

Según DiversityInc, el compromiso de liderazgo de los CEOs es clave para que una empresa pueda posicionarse como "diversa", ya sea liderando los Concejos de Diversidad o encabezando programas de mentorías con los ERG o empleados seleccionados. Incluso muchas de estas empresas asocian parte de la retribución de los CEO a la evolución de las métricas de diversidad.

Christi Shaw, quien fue presidente de Novartis, primeros en el ranking de DiversityInc en 2016, declaró: "*Hemos logrado que D&I esté unido no sólo a los Valores y Comportamientos, sino también a los objetivos estratégicos. Como resultado, D&I está ayudando a mover la aguja en aspectos claves del negocio, desde el desarrollo de nuevos productos a diversos ensayos clínicos, la comercialización y esfuerzos de marketing*".

En el top 10 de las empresas del ranking de DiversityInc, la mayoría de los altos ejecutivos de las empresas tienen una profunda relación con las iniciativas de gestión de la diversidad, como la tutoría entre las culturas, coaching a sus líderes y patrocinio. La participación en los Concejos Ejecutivos de Diversidad son clave para asegurar que los canales de búsqueda de talento sean lo suficientemente diversos y también poder asegurar reclutadores, directores y otro personal de recursos humanos con participación en el tema.

De la lista de las diez compañías más diversas e inclusivas de Estados Unidos, sus CEOs participan en más de 86% en las políticas de inclusión, ya sea liderando los Concejos de Diversidad, o asistiendo con los programas de mentorías y coaching. A su vez, en más del 80% se asocian sus bonificaciones anuales al hecho de haber particpado activamente en estos programas[42].

El hecho de asociar el pago de las remuneraciones o bonificaciones del **C-Level** a su involucramiento con los procesos de inclusión refuerza el compromiso de la organización a obtener cada vez mejores resultados en construir líderes comprometidos con la gestión de la diversidad y el empoderamiento de los diferentes talentos que la componen. Ya no alcanza sólo con enfocarse en una "producción" medida en ventas, inventario o **cashflow**, sino en mejorar la productividad de las personas según su capacidad de desarrollo integral dentro de la compañía.

ROLES DEL DIVERSITY MANAGER

Así como el **Key Sponsor** puede tener diferentes roles dependiendo el estatus en el que se encuentra el ERG, la figura del Diversity Manager puede tomar diferentes modelos de liderazgo dependiendo de la persona que lo ocupe. Según la consultora Diversity Best Practices[43] hay diferentes modelos de liderazgo dependiendo de nuestra audiencia y nuestros objetivos.

---

42 Facts & Figures: https://www.diversityinc.com/facts-figures/. Fecha de consulta: 09/10/2019

43 Diversity Best Practices (2016). *Digging Deep: Tips and Tools for D&I Champions* (online) https://www.diversitybestpractices.com/sites/diversitybestpractices.com/files/attachments/2016/11/postelectiondbptoolsandguides.pdf Fecha de consulta: 12/04/2020

Facilitador

Trabaja con los concejos de D&I, ERGs y líderes, para crear un diálogo abierto para el entendimiento, compromiso y resolución de problemas.
Permanece neutral y sin prejuicios para crear entornos seguros de apertura y franqueza.
Debe ser consciente de sus "botones calientes" (hot buttons), mientras permanece abierto a diferentes perspectivas.

Influencer:

Trabaja con C-Level y líderes empresariales para impulsar las acciones y comportamientos deseados. Entiende sus diferentes estilos de toma de decisiones, lo que lo ayuda a posicionarse.
Habla su mismo idioma y "Walks the talk".
Como en cualquier debate, toma su tiempo para prepararse prediciendo los desafíos y la resistencia que puede enfrentar y cómo responder.

Provocador

Desafía "la forma en que siempre hemos hecho las cosas".
Hace las preguntas necesarias para elevar la barra de desafíos de D&I, exigiendo que empujemos a las personas a pensar de manera muy diferente.
Alienta diferentes puntos de vista: "¿Qué pasa si?", "¿Qué podríamos perder si?", "¿Cómo podemos pensar esto diferentemente?"

Educador

Foco en sesiones de capacitación o desarrollo de liderazgo que requieren momentos de enseñanza y creación de conciencia.
Se prepara con hechos y ejemplos de casos de negocios.
Permanece neutral y sin prejuicios.

Inspirador

Conferencias a nivel local, realiza llamadas a la acción, y es portavoz hacia organizaciones externas.
Ser verdadero y auténtico construye el mayor nivel de credibilidad. La pasión, el compromiso y la energía a menudo se demuestran cuando se habla desde el corazón y la mente.

El papel que se jugará dependerá de su situación. Comprender nuestras propias perspectivas, sesgos, valores y los roles en cada situación son esenciales. Cuanto más conscientes somos de nosotros mismos, más efectivos podemos ser dando forma a las conversaciones que queremos tener en el futuro.

	Conoce a su audiencia	Conoce a sus aliados	Tiene objetivos claros	Conoce los hechos y datos	Escucha comprensiva mente	Toma riesgos	No busca resolver ni obtener respuestas	No busca resolver ni obtener respuestas	Está cómodo en situaciones incómodas	Es auténtico y verdadero
Facilitador	✓	✓	✓	✓	✓		✓	✓	✓	✓
Influencer	✓	✓	✓	✓	✓	✓	✓		✓	✓
Provocador	✓	✓	✓		✓	✓	✓	✓	✓	✓
Educador	✓	✓		✓	✓		✓		✓	✓
Inspirador	✓		✓			✓	✓			✓

A continuación, se presentan algunos ejemplos de cómo aplicar estos roles para mantener esas conversaciones dependiendo de cuál es la audiencia a la que se dirige el Diversity Manager.

¿CUÁL ES MI AUDIENCIA?	¿CUÁL ES EL ASUNTO?	¿CUÁL ES EL OBJETIVO?	¿QUÉ ROL DEBE JUGAR?	¿QUIÉNES SON MIS ALIADOS?
C-Level	Los empleados no se sienten cómodos en su lugar de trabajo. La tensión es alta y está impactando la productividad.	Obtener la aceptación del C-Level para tener diálogo sobre diversidad y privilegios en el lugar de trabajo.	Influencer	Líderes del ERG
C-Level	Resistencia silenciosa a políticas de D&I (por ejemplo, se comunican políticas, pero no se llevan a cabo, o se mantiene un ambiente hostil)	Exponer los problemas para que se puedan resolver. Involucrar a las personas que se resisten en el proceso.	Facilitador	Recursos Humanos, ERGs, CEO
Líderes del ERG	Los ERGs y sus líderes no progresan en generar un impacto positivo financiero en el "bottom line"	Transicionar de ERGs a grupos de impacto empresarial	Provocador	Líderes del negocio

Independientemente de la situación, la clave del puesto del gerente de diversidad es lograr mantener conversaciones fuertes y robustas con la alta gerencia y el **C-Level**, para poder ser el nexo entre las personas y el impacto positivo de las políticas de diversidad e inclusión.

4.C. CÓMO SABER QUE NUESTRA EMPRESA ES DIVERSA E INCLUSIVA

Siempre que ponemos en marcha cualquier plan, el seguimiento y control de los avances es incluso más importante que el comienzo de la ejecución de este. Las empresas pueden definir diferentes indicadores clave de rendimiento (KPI o **Key Performance Indicator**[44]) internos para medir el impacto y seguimiento de los planes de diversidad, así como también aplicar en planos más acotados como los propios objetivos del ERG o del Concejo de Diversidad.

Sin embargo, dado que la inclusión y diversidad tiene un impacto directo con temas sociales y terminan muchas veces siendo parte de la Responsabilidad Social Empresarial, es altamente potenciador para las compañías poder compararse con el mercado para ver qué tan avanzadas o no están en estos temas. No solamente por temas internos que ya hemos visto de retención y atracción de talentos, sino poder medir avances en temas de igualdad de oportunidades para las minorías corporativas, igualdad de género, beneficios para el personal e involucramiento del **C-Level** en temas de diversidad.

En los últimos años, tres grandes instituciones se han posicionado como las más respetables en temas de medición de diversidad e inclusión dentro de las empresas, en especial, para aquellas que forman parte del Fortune 500: HRC Corporate Equality Index, Great Place to Work, y DiversityInc.

Si bien estas publicaciones se enfocan en empresas norteamericanas, la mayoría de ellas son multinacionales con alcance en diferentes países, por lo que las gestiones locales son consideradas en el estudio completo. Existen versiones similares, y empresas locales que se dedican también a medir la Diversidad e Inclusión localmente,

---

44 En español se traduce como "indicador clave o medidor de desempeño o indicador clave de rendimiento", es una medida del nivel del rendimiento de un proceso.

como el Índice de la Gestión de la Diversidad e Inclusión de la Red Acoge (España)[45], o estudios que pueden hacer las Cámaras de Comercio LGBTQ u organizaciones no gubernamentales.

DIVERSITYINC[46]

Es una de las publicaciones más importante sobre diversidad en Estados Unidos. Fundada en 1998 por Luke Visconti, mide las estadísticas de más de 1800 empresas encuestadas, evaluando entre las mejores prácticas y los resultados de la gestión del talento, con énfasis en la equidad dentro de las mismas.

En el 2001, comenzó el proceso *DiversityInc Top 50 Companies for Diversity*, que se ha posicionados como la evaluación de la gestión de la diversidad en las empresas estadounidenses. Se evalúa el rendimiento basado en cuatro áreas de gestión de la diversidad:

SEMILLERO DE TALENTO (TALENT PIPELINE): Evalúa la composición de la fuerza de trabajo, las políticas de contratación, la distribución del talento existente en los diferentes puestos de trabajo, y las estructuras gerenciales.

DESARROLLO DE TALENTO (TALENT DEVELOPMENT): Pondera los grupos de recursos de empleados (ERG), la existencia de tutorías y mentorías, actividades filantrópicas y acciones en pro de la equidad laboral.

RESPONSABILIDAD DE LIDERAZGO (LEADERSHIP ACCOUNTABILITY): Analiza el involucramiento del **C-Level** y altos mandos en las políticas de diversidad y participación en los ERG, así como también su responsabilidad en los resultados, comunicaciones personales y visibilidad, tanto interna como externa, que se le da a la diversidad.

---

45 Red Acoge. *Índice de la Gestión de la Diversidad e Inclusión.* (online) http://indicediversidad.org/wp-content/uploads/2019/05/III_Indice_Diversidad-e-Inclusi%-C3%B3n.pdf Fecha de consulta: 18/04/2020

46 https://www.diversityinc.com/

DIVERSIDAD DE PROVEEDORES (SUPPLIER DIVERSITY): Revisa como la empresa busca apoyar a empresas de grupos menos representados, la reputación de sus principales proveedores, cómo es realizada la rendición de cuentas, y actividades de filantropía.

Algunos de los factores analizados en Políticas de Diversidad e Inclusión que son evaluados dentro de los sondeos realizados en cada organización son:

- Mujeres en posiciones de liderazgo ejecutivo.
- Igualdad de beneficios a empleados.
- Diversidad de proveedores relacionados a minorías.
- Latinos, etnia negra, asiáticos en posiciones de liderazgo ejecutivo.
- Procesos de selección.
- Conversaciones sobre raza y diversidad.
- Cantidad de empleados en Grupos de Recursos ERG.
- Programas de Mentoring.

Los resultados de la lista de las 50 empresas más diversas se derivan exclusivamente de los envíos de encuestas corporativas de casi 1.800 empresas con al menos 1,000 empleados en los Estados Unidos. Las empresas se evalúan dentro del contexto de sus propias industrias, y se utilizan subconjuntos del mismo envío de datos para determinar listas de especialidades.

Las empresas no pueden comprar un lugar en el Top 50, sino que deben participar en una encuesta gratuita anual. A menos que se haya proporcionado una aprobación previa, DiversityInc no divulga datos específicos de ninguna compañía.

HRC CORPORATE EQUALITY INDEX

La Fundación Human Right Campaign (HRC)[47] es una de las organizaciones de derechos civiles LGBT y representa a más de 3 millones de miembros y simpatizantes en los Estados Unidos y tiene un gran alcance en Latinoamérica y Europa.

---

47 https://www.hrc.org/. La traducción literal es "Campaña de Derechos Humanos"

En el año 2002, lanzaron el "Corporate Equality Index" (CEI – en español **Índice de Igualdad Corporativa**), que en la actualidad es una de las herramientas de evaluación comparativa sobre políticas y prácticas corporativas pertinentes para empleados lesbianas, gays, bisexuales, transgénero y homosexuales.

Alrededor de 700 empresas participan de esta encuesta y entre los principales criterios de evaluación se consideran los siguientes:

- Políticas de no discriminación por orientación sexual.
- Políticas de no discriminación por identidad de género.
- Beneficios equitativos para los trabajadores LGBTQ y sus familias; incluyendo paridad entre los cónyuges de personas del mismo sexo, y cobertura médica.
- Eliminar las exclusiones de personas transgénero de todos los planes de beneficios.
- Competencias organizacionales LGBTQ.
- Compromiso público a la comunidad LGBTQ, apoyando una cultura inclusiva y la responsabilidad social corporativa.
- Incluir proveedores LGBTQ como parte del programa de diversidad de proveedores.

El Índice de Igualdad Corporativa ayuda a guiar la adopción a gran escala de prácticas específicas y lenguaje LGBTQ dentro de las estructuras de negocio existentes.

En términos de beneficios, HRC evalúa a los empleadores sobre la provisión de cobertura de seguro de salud para cónyuges y parejas del mismo sexo y de diferente sexo. Adicionalmente, la Fundación evalúa la disponibilidad de atención médica, tanto de rutina como crónica, y cobertura relacionada con la transición para empleados transgénero y dependientes. En el caso de las principales empresas que ofrecen regularmente educación, capacitación y medidas de responsabilidad sobre la diversidad y la inclusión en el lugar de trabajo, la Fundación HRC busca asegurar que estos sistemas incluyan al personal LGBTQ. Por último, busca la inclusión de la comunidad LGBT en los esfuerzos de compromiso externo: programas de participación para las comunidades en las que operan y se dirigen a mercados tales como publicidad, compromiso de políticas públicas, diversidad de proveedores, filantropía y patrocinio.

Al utilizar el CEI como guía, las empresas pueden ayudar a garantizar que su infraestructura de políticas y beneficios incluya a la fuerza laboral LGBTQ y sus familias, lo que resulta en un mayor reclutamiento y retención de una fuerza laboral diversa y talentosa.

GREAT PLACE TO WORK[48]

Great Place to Work es un referente global en lo que respecta a medir la cultura del lugar de trabajo, la experiencia de los empleados y los comportamientos de liderazgo probados para generar ingresos líderes en el mercado y mayor innovación. Ayuda a las empresas de todo el mundo a encuestar a sus empleados, comparar sus resultados, identificar brechas y mejorar su cultura laboral. Es el único programa de reconocimiento basado en una metodología rigurosa y comentarios validados de los empleados.

También está orientado a empresas cuya sede principal esté basada en los Estados Unidos, pero a diferencia de DiversityInc pueden participar todas las empresas que tengan más de 10 empleados, desde **startups** hasta las compañías multinacionales más grandes del mundo.

A efectos de medir a las empresas utilizan un modelo específico, llamado "**For all model and Methodology**" basado en encuestas a los empleados. Las empresas con los mejores resultados son reconocidas como "Great Place to Work".

Aquellas empresas que no lleguen a cumplir los requisitos luego de las entrevistas pueden quedarse tranquilas ya que los resultados son completamente confidenciales. Si bien es decepcionante no ser reconocido en una de estas listas, realizar el proceso sigue siendo extremadamente valioso, ya que se obtienen los beneficios de los comentarios de los empleados y se puede utilizar los informes y análisis para obtener información sobre su negocio, y poder actuar para mejorar los puntos débiles de la organización en temas de diversidad e inclusión.

---

48 https://www.greatplacetowork.com/ . La traducción literal es "Gran Lugar para Trabajar"

4.D. GUÍA PRÁCTICA PARA MEDIR LA DIVERSIDAD E INCLUSIÓN EN TU ORGANIZACIÓN

Como parte del proceso de animar a las empresas a salir del clóset, he creado una guía práctica que puede ser utilizada en cualquier organización para medir el grado de avance en las buenas prácticas de la diversidad e inclusión.

Poder conocer nuestra situación actual en estos asuntos, es el primer paso para tomar acción, y conocer dónde tienen que enfocarse los nuestros esfuerzos para poder lograr resultados transformadores de largo plazo. Esta guía puede ser utilizada tanto en pequeñas como grandes organizaciones y es de fácil implementación.

La misma ha sido basada en algunos estudios actuales de diversas fuentes, pero incorporando variables propias que se han desarrollado a lo largo de este libro. Si bien nuestro enfoque principal es la inclusión del colectivo LGBTQ, la guía parte de la premisa que las principales cinco variables de la diversidad deben estar cubiertas por la organización:

1. Género
2. Orientación sexual e identidad de género
3. Origen étnico
4. Edad
5. Diversidad funcional o capacidades

Para poder medir la inmersión de esas variables en nuestra organización se han determinado cuatro categorías o segmentos que agruparán los diferentes asuntos que se han tratado a lo largo de este libro. Las categorías están segregadas con el fin de evaluar el estatus actual, el nivel general del compromiso de la organización con temas de diversidad e inclusión, y finalmente las medidas que se toman tanto de carácter interno como externo.

CATEGORÍA 1: MAPA DE LA DIVERSIDAD

La realización de un **MAPA DE LA DIVERSIDAD** es la recogida de información de los talentos de la organización en todos sus niveles, incluyendo aspectos visibles y no visibles. Se evalúa, por medio de encuestas confidenciales, la composición del equipo incluyendo: datos genéricos, datos laborales, datos de formación, diversidad de género, diversidad funcional y, finalmente, la autopercepción de las personas.

El objetivo de esta categoría es conocer los indicadores de diversidad organizacional, que funcionará de punto de partida para cualquier proceso de inclusión. Se busca que la empresa conozca la composición de sus talentos considerando no sólo las 5 variables de diversidad, sino otros aspectos socio demográficos, laborales y ambientales. Este diagnóstico permitirá conocer exactamente en qué estatus se encuentra actualmente la organización, cómo se alinea a sus valores, y cuáles serán los pasos para seguir para potenciar las políticas de diversidad e inclusión.

CATEGORÍA 2: POLÍTICA CORPORATIVA DE DIVERSIDAD E INCLUSIÓN

Se continúa evaluando las **POLÍTICAS CORPORATIVAS** de diversidad e inclusión, incluyendo la existencia de un Plan de Diversidad, alineado a los valores de la organización, comunicado a lo largo y ancho de la misma. Se incorpora al análisis la existencia de presupuestos, incentivos y beneficios tanto a los talentos de la organización como a los ERGs y Concejos de Diversidad.

El objetivo de esta categoría es medir el compromiso en la integración de la gestión de la diversidad e inclusión como parte del ADN de la organización. Se busca medir este compromiso a través de la gestión de los recursos tanto humanos como financieros, y en especial el involucramiento activo del **C-Level**.

CATEGORÍA 3: MEDIDAS DE CARÁCTER INTERNO PARA LA GESTIÓN DE LA DIVERSIDAD E INCLUSIÓN

El tercer paso es medir el avance de las Medidas Internas que favorecen la diversidad e inclusión dentro de la organización, analizando temas como reclutamiento, formación y desarrollo, evaluaciones de desempeño, políticas de beneficios, comunicación interna, y la existencia de programas de Coaching Ejecutivo.

El objetivo es medir el avance de las medidas que favorecen la diversidad e inclusión dentro de la organización, y busca evaluar cómo se invierte en políticas que buscan la igualdad e inclusión, así como en la formación transformacional de los líderes mediante el coaching ejecutivo.

CATEGORÍA 4: MEDIDAS DE CARÁCTER EXTERNO PARA LA GESTIÓN DE LA DIVERSIDAD E INCLUSIÓN

Finalmente, la última categoría analiza las **MEDIDAS EXTERNAS** que la organización realiza para promover y favorecer la diversidad en sus relaciones con los stakeholders, poniendo en marcha mecanismos para conocer en qué medida la sociedad en general percibe que recibe un trato no discriminatorio. Para ello, se busca promover la perspectiva de la diversidad y la inclusión a través de proyectos sociales y a lo largo de toda la cadena de valor. Asimismo, analiza si se incorpora la diversidad como un elemento transversal en la comunicación, los esfuerzos por hacer alianzas o pertenecer a redes inclusivas, y si se incluyen contenidos relativos a la política de gestión de la diversidad en los informes externos.

Los resultados de las encuestas realizadas ayudarán a la organización y sus Diversity Managers a identificar y tomar conciencia sobre el estatus en el que se encuentran en lo que respecta a diversidad e inclusión, y cuáles son los próximos pasos de acción sugeridos para avanzar en la mejora de la medición de las variables en las diferentes categorías analizadas

Para acceder a la guía práctica online puedes recurrir al siguiente vínculo: www.diegotomasino.com

Antes de pasar al siguiente capítulo, te invito a que respondas cada una de estas preguntas poderosas. De esta manera, fortalecerás tu rol como gerente de diversidad.

1. ¿Cómo podemos empatizar con aquellos que no están de acuerdo con nosotros?
2. ¿Cómo podemos aumentar nuestra comprensión de una opinión opuesta y encontrar una manera de trabajar en conjunto?
3. ¿Debemos reevaluar cómo involucramos a nuestra fuerza laboral en el esfuerzo de Diversidad e Inclusión?
4. ¿Nos comprometemos o ignoramos a la mayoría silenciosa? ¿Cuáles son las implicaciones?
5. ¿Cuáles son los problemas / temores más importantes que existen de cada "lado"?
6. ¿Cómo definimos o destacamos asuntos como "Black Lives Matter" o "matrimonio igualitario" en la oficina? ¿Son estos temas necesarios para crear comprensión o generan más división?

7. ¿Cuáles son las implicaciones y cómo cerramos las brechas que nos dividen?

8. ¿Por qué las mujeres y las personas de color se perciben más negativamente en el lugar de trabajo cuando salen a la superficie problemas de diversidad e inclusión?

9. ¿Qué se interpone para impulsar un cambio real en nuestras organizaciones?

10. "Privilegio", "sesgo", "diversidad" ... ¿Son palabras tabúes o ventajosas? ¿Qué hacemos con ellas?

CAPÍTULO 5

ACCIÓN EJECUTIVA: EDUCANDO A LOS LÍDERES PARA CONVERTIRLOS EN COACHES EJECUTIVOS

"Cuando ya no somos capaces de cambiar una situación,
nos encontramos ante el desafío de cambiarnos a nosotros mismos"

Víctor Frankl (1952-1997)

"En la empresa en la que trabajaba, vivía asustado de que supieran que era homosexual. Pero el día menos pensado todo cambió. Ocurrió durante un viaje de trabajo que mis compañeros y yo realizamos a la República Dominicana.

Llegué más tarde que el resto de mi equipo de trabajo y cuando fui a encontrarme con ellos, ya estaban tomando cervezas en la piscina del hotel. La estaban pasando súper bien y yo me uní a todos. Recuerdo que se hizo un brindis, dirigido por nuestra supervisora -ya un poco subidita en tragos- quien decía a viva voz los deseos que tenía para cada uno de nosotros, mientras todos respondíamos: ¡Salud!

Cuando llegó mi turno, fui el último, me miró y se animó a decir: "A ti te deseo que este año te consigas un novio súper guapo".

Yo quedé seco, helado y nervioso... Sentía que todo estaba en cámara lenta. Volteé a ver al resto del equipo que también se quedó en silencio por dos segundos hasta que todos al unísono gritaron: ¡Salud!.

No me molesté, al contrario, me sentí liberado. Me sacaron del clóset de manera rápida, -diría yo eficiente- aunque haya sido entre tragos. Sé que no es lo más recomendable, pero a mí me funcionó. En ningún momento me sentí humillado, sí un poco pasmado, pero pasó tan rápido, que también levanté mi cerveza y grité con entusiasmo, ¡Salud!

Después de eso, trabajar con ese equipo fue más tranquilo".

Este testimonio de Ignacio, empleado de una empresa de productos químicos, nos deja claro que cuando un líder o jefe tiene una manera de pensar inclusiva, su equipo de trabajo se fortalece. Sin embargo, la falta de una estrategia, de recursos profesionales para atender estas necesidades hacen más frecuentes eventos como el que atravesó Ignacio.

Lo ideal es que la experiencia que él tuvo de ser aceptado no ocurra en medio de un encuentro informal y menos en medio de tragos entre personas que no son amigos sino compañeros de trabajo. Él tuvo la suerte de que todos lo recibieron con los brazos abiertos, pero esa no es la norma.

5.A. DEFINIENDO EL COACHING

Para efectos de incorporar una definición propia del proceso del 'coaching' vale destacar lo siguiente: "**es un proceso que busca ayudar a los demás a definir y alcanzar sus metas, tanto en el ámbito profesional como personal, creando nuevas alternativas para la acción y logrando resultados extraordinarios**".

Este proceso incluye intrínsecamente una alianza entre el **coach** y su cliente, a quien denominamos como el **coachee**. Entre ellos se desarrolla un acuerdo donde se establecen los objetivos que el cliente debe alcanzar, la forma de llevar adelante el programa, la agenda de trabajo y la evaluación de los resultados que el coachee va alcanzando.

Por medio del **coaching**, se busca ayudar a una persona a descubrir sus puntos ciegos y a ayudarla a superarlos como vías para aumentar su efectividad. Se trata de definir objetivos alcanzables que nos permitan salir de nuestra zona de confort, y que estén sumamente ligados a aquello que nos motiva y nos mueve, a nuestros valores.

COACHING EJECUTIVO

Cuando encuadramos el **coaching** dentro de una organización, como hemos establecido antes, hacemos referencia al "**COACHING EJECUTIVO**".

Este tipo de *coaching* es esencial para transformar a las organizaciones a través del desarrollo de las habilidades de las personas. Al mismo tiempo, busca alinear los tipos de liderazgos y potenciarlos, ampliar y mejorar la comunicación interpersonal, lograr equipos de trabajos efectivos y un ambiente de trabajo saludable, entre muchas otras cosas. Se torna también una pieza clave en procesos que buscan incorporar la diversidad e inclusión de los diferentes talentos de la organización.

Un **coach** especializado en el ámbito ejecutivo será capaz de ver más allá y de plantear estrategias acordes a las necesidades de la organización, teniendo como bandera el desarrollo tanto de su propio liderazgo como el de su equipo.

El proceso de **coaching** ejecutivo, para una persona que nunca lo ha realizado, puede resultar difícil al comienzo, ya que nos obliga a enfrentarnos con nuestro propio ego, nuestras creencias, y cuestionarnos nuestros modelos de liderazgo. Nos lleva a desafiar nuestras suposiciones y las formas de pensar.

Durante esta travesía, los líderes transitarán territorios que podrán tornarse incómodos, y requerirán que modifiquen algunos de sus enfoques, comportamientos e, incluso, algunos de sus valores. Les obligará a leer y pensar desde diferentes puntos de vista. Los llevará a "desaprender" algunos de sus paradigmas, para dar paso a nuevos. En los procesos de coaching, aprender a deshacernos de antiguas creencias se torna clave en el proceso. Es la única forma de evolucionar, de cambiar, y abrir nuestras mentes.

El **coaching** ejecutivo se trata de ir a la acción, de crear caminos de progreso entre el punto A y el punto B. El simple hecho de movernos, de evolucionar, nos permitirá desarrollar nuestro potencial al máximo, lo que automáticamente se reflejará en la habilidad de desplegarlo también en aquellas personas que nos rodean: nuestro equipo de trabajo, nuestra familia, nuestro círculo íntimo, etc.

Este aumento de nuestro propio poder personal nos ayudará a ser cada día más resiliente, y desarrollar mayores capacidades y habilidades para resolver problemas y desafíos de la organización que estén bajo nuestro poder. Esta oportunidad enriquecedora de aprender y mejorar en áreas que afectan el desempeño general del negocio, como la innovación, la toma de decisiones, el manejo de la diversidad y la negociación, entre otras, impactará en el aumento de los resultados finales de la organización.

5.B. EL LÍDER COACH O COACHING EJECUTIVO

Para lograr llevar a cabo las etapas descritas en los capítulos anteriores, y para que el **coaching** tenga éxito dentro de una empresa, es vital que el proceso esté respaldado y promovido por los altos líderes de la organización. Según DiversityInc, el éxito de la implementación de políticas de diversidad en las empresas depende del grado de involucramiento de los altos mandos, especialmente de los CEO.[49]

El **C-Level** y los líderes ejecutivos no solamente definen el rumbo de las organizaciones, sino que también marcan el tono que le quieren dar al mensaje que transmiten a la sociedad y a sus colaboradores. El involucramiento y liderazgo ayuda a reforzar el mensaje de inclusión y acelerar que las cosas sucedan. El ejemplo de estos líderes ejecutivos permea en los demás líderes y gerentes de la compañía, e incluso de sus contrapartes de otras empresas. Además, la presencia del CEO (o alguien de alta dirección) hace que los miembros de los Concejos de Diversidad sean más responsables de alcanzar los objetivos de inclusión.

Dada la exposición y la importancia del rol que afrontan los altos mandos, estos deben desarrollar capacidades de liderazgo específicas, con el fin de ser un ejemplo para seguir por el resto de la organización. Resulta evidente que manejar este tipo de acciones requiere del desenvolvimiento de ciertas habilidades y capacidades emocionales para llevarlas a cabo.

Aquí es donde surge la importancia de incorporar el **coaching** ejecutivo para acompañar todo el proceso de creación de un ambiente inclusivo en la empresa. De esta forma, se facilitará el desarrollo del potencial de los altos mandos de la organización y se acelerarán los procesos de transición dentro de la empresa.

---

49 Frankel, Barbara (2014). 5 Reasons Your CEO Should Chair Your Diversity Council (online). https://www.diversityincbestpractices.com/5-reasons-your-ceo-should-chair-your-diversity-council-2505484510.html . Fecha de consulta: 05/08/2018

A nuestros efectos, un líder *coach* es un **LÍDER TRANSFORMACIONAL**, que va más allá de esos tipos de liderazgo tradicionales, y cuyo estilo busca crear un cambio valioso y positivo en sus seguidores. Se centra en "transformar" o empoderar a otras personas para que logren ayudarse mutuamente y se mantengan motivadas. Sus principales características son:

- Lidera a través del ejemplo.
- Fomenta la participación creativa de las personas a su cargo, mediante su apoyo a la diversidad.
- Establece vínculos directos y de confianza con su equipo.
- Cree en los miembros de su equipo y el potencial de cada uno de los talentos.
- Motiva e inspira a miembros de su equipo, de forma permanente.
- Busca no sólo desarrollar habilidades prácticas sino también habilidades sociales, promoviendo la estimulación intelectual.
- Los resultados pueden verse a mayor largo plazo, pero tienen efectos más profundos en el crecimiento de las personas y la organización.

En resumen, un líder *coach* transformacional hace que el liderazgo no se trate realmente de uno mismo. Sino que busca empoderar a otras personas como resultado de su presencia y acompañamiento y, sobre todo, de asegurarse de que el impacto de su liderazgo continúe en su ausencia.

Un factor clave en este proceso es la **AUTENTICIDAD DEL LÍDER**. Las personas tienden a confiar en ti cuando sienten que están interactuando con tu verdadero yo, cuando tienen fe en tu juicio y tus competencias (tanto lógicas como emocionales), y cuando sienten que te preocupas por ellas (empatía)[50]. Cuando se pierde la confianza, casi siempre se remonta a un colapso en alguno de estos factores.

Si las personas sienten que no están siendo capaces de conocer a su "verdadero yo", esto puede llegar a afectar las relaciones de los equipos y cualquier proceso de cambio dentro de la organización.

---

50 *Harvard Business Review* (2020). *Begin with Trust.* (online) https://hbr.org/2020/05/begin-with-trust Fecha de consulta: 25/05/2020

COMO REVISAR TU AUTENTICIDAD COMO COACH LÍDER

¿QUÉ TAN DIFERENTE ES TU PERSONALIDAD PROFESIONAL
DE LA QUE MUESTRAS CON TU FAMILIA Y AMIGOS?

SI HAY UNA GRAN DIFERENCIA, ¿QUÉ OBTIENES A CAMBIO DE ENMASCARAR
O MINIMIZAR CIERTAS PARTES DE TI MISMO? ¿CUÁL ES LA RECOMPENSA?

¿QUÉ ES LO QUE TE IMPIDE DENTRO DE TU ORGANIZACIÓN
MOSTRARTE DE UNA MANERA DIFERENTE?

¿QUÉ TAN CÓMODO/A O NO TE SIENTES ANTE ESTA SITUACIÓN?

¿CUÁL PUEDE SER EL PRIMER PASO PARA DESTACAR ALGUNO DE TUS
FACTORES QUE TE HACEN AUTÉNTICO EN TU LUGAR DE TRABAJO?

Ocultar tu verdadero yo a veces puedo ayudar a resolver problemas a corto plazo, sin embargo, pone un límite artificial a la confianza y, por extensión, a la capacidad para liderar. Cuando las personas sienten que estás ocultando la verdad o que eres menos auténtico, están mucho menos dispuestas a volverse vulnerables delante de ti de la manera que exige el liderazgo. Anteriormente, mencionamos los beneficios de ser una organización inclusiva y justamente una de las ventajas más importantes es que las personas se puedan desarrollar y expresar libremente en ellas.

Un líder coach efectivo hace preguntas poderosas, como las que te he presentado en el final de cada uno de los capítulos anteriores. La idea de esas preguntas es conseguir respuestas directas que poco a poco irán trazando el camino de aquel que las responde. Son un apoyo fundamental para, más allá de juzgarlos, facilitar el desarrollo de quien las responde. Son ese tipo de pregunta que no nos gusta hacernos porque inconscientemente ya conocemos sus respuestas, pero que cuando nos las hacen, nos permiten sincerarnos con nosotros mismos y tomar consciencia de quiénes estamos siendo.

Para lograrlo, el coach deberá desarrollar ciertas técnicas para trabajar en los objetivos de cada persona a su cargo, eliminar sesgos inconscientes y creencias limitantes, para potenciar un proceso de autoconciencia que desarrollará el potencial de cada persona y de la organización, como un todo.

Los ejecutivos exitosos deben complementar cada vez más su experticia y conocimientos técnicos, con una capacidad general de aprendizaje y adaptación al cambio. El *coaching* ejecutivo es la herramienta fundamental para esto, y se está convirtiendo en parte integral del entretejido de una cultura de aprendizaje; una habilidad que los buenos líderes en todos los ámbitos deben desarrollar.

5.C. MODELANDO EL CAMBIO INCLUSIVO

El camino hacia una organización inclusiva debe comenzar con la **CONCIENTIZACIÓN** de la necesidad del cambio. El simple hecho de hablar o nombrar el tema de "diversidad e inclusión" es el primer paso de acción para eliminar la barrera del silencio e indiferencia. Es un despertar que paso a paso va permeando en los diferentes niveles de la organización, así como también en el inconsciente de la cultura organizacional.

Muchas veces este primer paso de generar conciencia comienza desde los propios empleados al reunirse por sus características en común y conformar el primer ERG de la compañía. Otras veces viene desde el lado del departamento de Recursos Humanos, y otras, las menos, viene directamente de los altos mandos o **C-Level**.

Debemos recordar que, en este camino hacia una organización inclusiva, las suposiciones previas o sesgos implícitos juegan un rol importante como barreras que limitan el avance, tanto de los líderes como de los miembros de sus equipos. A esto se suma el resto de tipo de sesgos (similitud, autoevaluación, proximidad y estructurales) que pueden aparecer en el comportamiento humano, así como la complejidad de trabajar con prejuicios culturales que pueden predominar en la sociedad.

La puesta en marcha de un programa de **coaching** ejecutivo ayuda a identificar estos sesgos y estereotipos, así como también creencias limitantes que impactan negativamente en la aceleración del cambio organizacional. El líder coach podrá acompañar a los miembros de la organización a "desaprender" lo aprendido, incorporar los nuevos conocimientos, y lograr una versión superadora de cada uno abierta a la diversidad e inclusión.

En este camino es importante destacar que el proceso de cualquier tipo de aprendizaje o formación se compone de cuatro etapas[51], siendo necesario atravesar cada una de ellas para integrar de forma permanente el cambio o actitud que se desea adquirir.

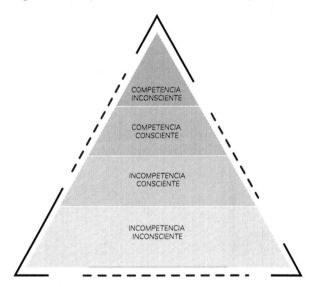

ETAPA 1: LA INCOMPETENCIA INCONSCIENTE.

En esta etapa la persona no sabe de lo que se está perdiendo, ya que desconoce que exista. Puede incluso negar la utilidad de esa habilidad o conocimiento que aún no posee. Se intenta responder a la pregunta "¿Qué es lo que no sé qué no sé?". El individuo debe reconocer su propia incompetencia y el valor de la nueva habilidad, antes de pasar a la siguiente etapa.

---

51 La teoría de las 4 fases de competencia fue articulada por primera vez en 1969 por Martin M. Broadwell en su trabajo «Cuatro estadios para la formación».

Ejemplo: Una gerente de una empresa centroamericana desconoce que es necesario abordar temas de diversidad e inclusión en su compañía, ya que no ha escuchado nunca sobre el tema. La sociedad directa en la que se mueve tampoco promueve estas prácticas. Por su cuenta no puede hacerlo por tanto es incompetente en esa actividad, y al mismo tiempo desconoce que necesite hacerlo, de ahí que sea inconsciente.

ETAPA 2: LA INCOMPETENCIA CONSCIENTE.

En esta segunda fase el individuo sabe que no tiene las competencias para realizar alguna técnica, aunque sí sabe de la existencia de ésta. Si bien el individuo no entiende o no sabe cómo hacer algo, reconoce el déficit, así como el valor de una nueva habilidad para abordarlo. Cometer errores puede ser parte integral del proceso de aprendizaje en esta etapa.

En el ejemplo de nuestra gerente, ya ella se da cuenta de que abordar temas de diversidad e inclusión es importante para mejorar los beneficios económicos de la compañía, y brindarle a sus empleados y empleadas un lugar seguro para desarrollarse, aunque todavía no sabe cómo hacerlo.

ETAPA 3: LA COMPETENCIA CONSCIENTE.

En este paso, la persona ya ha aprendido a realizar una actividad, y ha adquirido las habilidades o conocimiento necesario. Ahora bien, el conocimiento es reciente y, por tanto, se hace necesario poner la conciencia en cada acción. Aun no se logra manejar esto de forma "automática", la habilidad o el conocimiento requiere concentración.

Aquí ya nuestra gerente, ha comenzado a utilizar las técnicas desarrolladas en este libro para gestionar la Diversidad e Inclusión. Ha empezado a rotar el mando en las reuniones, ha gestionado con otros equipos campañas relacionadas al tema, intenta utilizar lenguaje inclusivo en sus comunicados y discursos, presta atención en los procesos de entrevistas, y hace su mejor esfuerzo para que los distintos departamentos se comuniquen mejor y logren romper los silos. Sin embargo, debe enfocarse en estas actividades y recordarse de realizarlas de forma consistente como parte de su agenda (ya que todavía las mismas le demandan mucho tiempo para hacerlas).

ETAPA 4: LA COMPETENCIA INCONSCIENTE.

Finalmente, el aprendizaje se integra totalmente. Ya no es necesario pensar en cada paso, se realiza desde el conocimiento interior. El individuo ha tenido tanta práctica con una habilidad que se puede realizar fácilmente. Como resultado, la habilidad expresa mientras se ejecuta otra tarea. El individuo puede enseñarlo a otros, dependiendo de cómo y cuándo se aprendió. Cuando se actúa desde la conciencia, una y otra vez, el cambio esperado se convierte en hábito y forma parte del individuo. De esta manera le permite afrontar los nuevos retos que le esperan.[52]

La persona se ha convertido en una líder con un dominio ejecutivo de la diversidad e inclusión. Ha incorporado la importancia y las técnicas dentro de su propio ADN y es momento de transmitirlo al resto de los talentos que componen la organización. Ya no necesita pensar en "técnicas" ya que en su día a día se ha convertido en una persona que vive y transmite los valores de la equidad.

Lo que lleva a buscar las mejores técnicas de cómo cambiar es el deseo de comprometerse y participar en un cambio integral, que permita que todos los miembros de la organización puedan contar con lugares en los que se respeten sus diferencias. Pero, como vimos anteriormente, si este cambio no viene impulsado y respaldado por los altos mandos, el esfuerzo no valdrá la pena y el cambio quedará truncado.

La apertura al cambio debe darse día a día, reforzando las habilidades y buenas prácticas de gestión de diversidad. La comunicación de la importancia y el impacto positivo de este cambio debe ser comunicado constantemente, habilitando la mayor cantidad de canales de comunicación posible entre los colaboradores y directivos, así como también haciendo partícipes en cada etapa a los empleados que representen a las minorías en la organización. Ninguna creencia, sea inconsciente o consciente, será reemplazada por otra si la segunda no posee un valor motivacional que la haga más poderosa en el procesamiento psíquico de cada persona.

---

52 García Gutiérrez, Susana. *Las 4 etapas del aprendizaje.* (online) https://recursos-coachingypnl.com/las-4-etapas-del-aprendizaje.html Fecha de consulta: 05/25/2020

Es altamente probable que haya empleados que se resistan al cambio, por lo que es importante identificar esas personas y acompañarlos a realizar una transición exitosa. Un programa de gestión de cambios bien planificado reduce el estrés y mejora la participación y el bienestar de los empleados, junto con la satisfacción general. Para esto, las compañías deben establecer planes de acción exitosos tanto para el avance personal como profesional, que sea compatible con la nueva organización inclusiva que se espera alcanzar para todos sus talentos.

El **coaching** se considera una herramienta eficaz para liderar y gestionar el cambio, ya que ayuda a las organizaciones a fortalecer las iniciativas de cambio organizacional al proporcionar una estructura de apoyo y una vía de comunicación para las personas clave del esfuerzo de cambio. El **coach** debe comprender los roles que contribuyen al proceso de cambio y la psicología del proceso de cambio en sí.

5.D. LA IMPORTANCIA DE LAS PREGUNTAS PODEROSAS DURANTE EL COACHING

Como ya hemos visto a lo largo de este capítulo, las preguntas poderosas son fundamentales en el proceso de aprendizaje. Son fuente de inspiración para la innovación, la creatividad y también son la herramienta fundamental para pasar de los estados de inconsciencia a estados de consciencia. Las preguntas son la única amenaza para los paradigmas, ya que permiten cuestionarnos el **status quo** de la cotidianeidad y definir nuevos planes de acción. El coach no se centra en los detalles de las situaciones del cliente, sino más bien en la forma en la que éste se enfrenta a ellas.

El **coaching** se trata de hacer las preguntas adecuadas, de la forma adecuada y en el momento adecuado. Hay todo tipo de preguntas: abiertas, cerradas, reflexivas, retóricas, directas, hasta de opción múltiple. Pero ¿qué hace que una pregunta sea "poderosa"?

Una pregunta poderosa[53] genera curiosidad en el receptor, estimula el pensamiento

---

53 Vogt, Eric; Brown, Juanita; e Isaacs, David: "The art of powerful questions: Catalyzing Insight, Innovation and Action".

reflexivo, es provocadora, invita a la creatividad y nuevas posibilidades, canaliza la atención y focaliza la indagación. Estas preguntas tocan una vibra profunda de la otra persona, sacándola de su zona de confort y finalmente, llama a más preguntas.

CONSTRUCCIÓN

No es lo mismo una pregunta cuya respuesta puede ser un simple "sí" o "no", de aquella que genera un proceso de introspección. Los ejecutivos generalmente prefieren las preguntas abiertas a las cerradas, ya que esto estimula los procesos mentales y la capacidad de abstracción. Y esto es clave en un proceso de **coaching** en el que se busca que las personas amplíen su posición hacia la diversidad.

Algunos autores han graduado los pronombres interrogativos en escalas de apertura mental en forma de pirámide. En la base se ubican aquellas preguntas cerradas, o "menos poderosas", ya que limitan las respuestas a "SI/NO", en lugar de invitar al proceso de abstracción.

A medida que nos acercamos a la cúspide, las preguntas escalan desde respuestas que pueden resumirse en una sola palabra, a otras que necesitan de una descripción completa, obligando a la persona a abstraerse de la realidad inmediata, realizar un proceso de introspección e incluso de proyección al futuro.

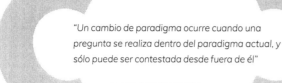

"Un cambio de paradigma ocurre cuando una pregunta se realiza dentro del paradigma actual, y sólo puede ser contestada desde fuera de él"

MARILEE GOLDBERG,
THE ART OF THE QUESTION

MÁS
PREGUNTAS **PODEROSAS**

¿Para qué?

¿Cómo?

¿Qué?

¿Quién? ¿Cuál? ¿Cúando? ¿Dónde?

Preguntas cerradas "SI/NO"

PREGUNTAS MENOS PODEROSAS

A medida que escalamos en esta pirámide, vamos pasando de una pregunta que no da lugar a la conversación hacia una que permite buscar opciones de crear un plan de acción, a otra que toca los valores más profundos de la persona y lleva a la reflexión. Una pregunta cerrada realizada a destiempo hará que el cliente se bloquee y no pueda profundizar en el tema que se está tratando.

El autor Simon Sinek desarrolla este tema al introducir que la pregunta que debe motivar el comienzo de cualquier objetivo es: "¿Para qué?"[54] . Al preguntarnos cuál es el verdadero propósito, el para qué hacemos las cosas que hacemos, seremos capaces de encontrar nuestra fibra vital que nos motivará a perseguir el objetivo. Esta pregunta trabaja sobre nuestras creencias y convicciones, por lo que nos amarra emocionalmente al contexto que la rodea, y nos compromete.

Recién luego de enfrentarnos a nosotros mismo en un proceso de autorrealización, podemos pasar a preguntarnos cómo haremos para alcanzar el objetivo. ¿Cuál será nuestro plan de acción, nuestro proceso, para alcanzar nuestro propósito?

ALCANCE

Con relación al alcance de las preguntas poderosas, es vital que las mismas se enfoquen en el objetivo inmediato a tratar. Debe ser que permita resultar en una respuesta concreta, que eventualmente desembocará en la confección de un plan de acción para alcanzar dicho objetivo. Una pregunta demasiado amplia sólo distraerá a la persona, y no movilizará el cambio organizacional.

Por ejemplo, analicemos las siguientes preguntas:
¿Cómo podemos mejorar la situación de las personas transgénero **en nuestro equipo de trabajo**?
¿Cómo podemos mejorar la situación de las personas transgénero **en nuestra compañía**?
¿Cómo podemos mejorar la situación de las personas transgénero **en nuestra red de contactos**?

El alcance se va ampliando desde algo más específico, que puede llevar a una acción inmediata, y de la cual tenemos el completo control en el corto plazo, hacia algo más general. A medida que avanzamos en esta escala la posibilidad de acción se desacelera o depende de demasiados factores externos para poder comenzar a actuar.

---

54 Sinek, Simon (2010). *TED Talk. How great leaders inspire action.* (online) https://www.youtube.com/watch?v=qp0HIF3SfI4 Fecha de consulta: 05/20/2019

SUPOSICIONES

Finalmente, las suposiciones toman un valor relevante a la hora de formular preguntas poderosas. Todas las personas venimos con una carga de valores y creencias que a la hora de expresarnos pueden surgir, tanto de forma explícita como implícita. Comparemos por ejemplo estas dos preguntas:

¿En qué parte fallamos y quién fue responsable?
¿Cómo podemos aprender de esta situación y qué posibilidades tenemos a partir de ahora?

La primera pregunta asume que la persona o equipo cometió un error y busca resaltar la culpa. Claramente, la respuesta vendrá con una carga defensiva. Mientras que la segunda pregunta llama a la reflexión y busca estimular el aprendizaje de una situación y reforzar la colaboración del equipo.

Generalmente, las personas y las organizaciones asumen juicios de valor que permean en toda su cultura organizacional. Muchas veces depende del país, del rubro empresarial, o de los valores que se pregonan en las misiones y valores de cada una. Es importante llamar al diálogo entre los miembros de las organizaciones para tomar conciencia de esos lineamientos inconscientes que dominan el día a día; y desafiarlos con preguntas como: "¿Cómo creen que podríamos actuar si no consideráramos esta premisa como verdadera? Esto lleva a pensar fuera de nuestras zonas de confort, ayuda a romper paradigmas y desarrolla el pensamiento lateral.

Tomemos como ejemplo el caso de la xenofobia. Este es un tema que cada cierto tiempo surge en todos los países, a pesar de estar en pleno siglo XXI. Mientras escribo este libro, hay una crisis humanitaria que afecta directamente a las personas venezolanas. El régimen chavista llevó a que casi 2 millones de personas a abandonar su país y sus familias para resguardarse del hambre, la falta de medicamentos y una crisis económica. Familias segregadas por todo el mundo, buscando asilo político con la esperanza de comenzar de cero. Doctores, abogados, contadores, ingenieros ofreciendo su tiempo por centavos y en cualquier oficio que sea. Años nuevos y navidades celebradas vía Skype, a miles de kilómetros de distancia. Personas "encerradas" en países con el sólo fin de cumplir dos años de residencia semi-legal para lograr un estatus migratorio que les permita trabajar y dormir en paz.

Del otro lado, en las calle y en los medios de algunos países se escucha: "venezolanos vienen por nuestros trabajos, ofrecen sus servicios por menos del salario mínimo". El drama se desata en las oficinas, hoy por hoy, lugares cosmopolitas. Ya no hablamos de "globalización" o "aldea global" como a fines del siglo XX, hoy el mundo es de todos y todas. Pero la doble moral permanece. Los países olvidan su historia - una gran parte de las familias latinas en algún momento fueron inmigrantes - y un pueblo que olvida su historia está condenado a repetir los mismos errores.

Situaciones como estas, obligan a las empresas a actuar como agentes de cambio e inclusión. Si como líderes no frenamos ese valor estereotipado de que los extranjeros son una amenaza para las personas locales, sólo contribuimos a incrementar la tensión social. De nosotros depende formular las preguntas correctas para extender puentes hacia el futuro.

Observemos las siguientes preguntas:

- ¿Son los extranjeros responsables de la falta de trabajo en el país?
- ¿Cómo logramos fomentar una oficina con una fuerza de trabajo más diversa y poder aprender de la situación actual para ampliar mercado?

La primera pregunta ya relaciona a los extranjeros con algo negativo: la falta de oportunidades para la persona local es gracias a los que llegan. Mientras que la segunda es una pregunta que llama a la reflexión, a crear un plan de acción, a ser más creativos y buscar nuevas opciones de negocio. A su vez, llama a nuevas preguntas en el lugar de trabajo.

Otro ejemplo podría ser: *¿cuál es la gravedad de la situación?* De por sí, ya contiene el supuesto de que la situación es grave.

O la pregunta: ¿cuál es la mejor opción para resolver esta situación? Ésta, contiene el supuesto de que tienes más de una elección, y de que la situación tiene una solución.

Los juicios de valor dominan nuestros pensamientos. Por eso es importante que seamos conscientes de ellos, y trabajamos en ser lo más objetivos a la hora de crear empresas inclusivas. Esto permite trabajar sobre la situación actual de una manera objetiva, y así poder moldear el futuro. Como con toda nueva técnica, lo principal es la experiencia. Comenzar con pequeñas charlas, pequeñas campañas, y sobre todo, aprender a escuchar para identificar cuando caemos en estos juicios de valor.

5.E. DEFINIENDO OBJETIVOS ALCANZABLES

Una vez que aprendemos a hacer las preguntas correctas, es hora de diseñar los objetivos. Varias teorías desarrollan el tema de cómo delinear los objetivos y cómo alcanzarlos. En mis años de experiencia, he comprobado que el método SMART y GROW son los más útiles. Ambos, son metodologías para establecer metas tanto individual o personales como en el ámbito empresarial u organizacional, o sea, profesionales. El primero, SMART, es el acrónimo en inglés de: Specific, Measurable, Achievable, Realistic y Timely. Su versión en español se conoce como METAS+, cuyo acrónimo es: Medible, Específico, Tiempo, Alcanzable, Significativo y Positivo.

ALCANZANDO LAS METAS DE MANERA INTELIGENTE

El método SMART ayuda a definir un objetivo concreto para comenzar cualquier proceso de cambio transformacional. El mismo busca que nuestra meta posea ciertas características que logren movilizar al individuo o a la organización para dar el primer paso. Sin un objetivo concreto, es altamente probable que las energías iniciales se esfumen antes de comenzar.

Para esto básicamente el objetivo debe ser específico, medible, alcanzable, relevante y delimitado en el tiempo. A su vez debe ser definido siempre de forma positiva.

En el cuadro adjunto presento algunos ejemplos de preguntas para cada una de estas características, y que ayudan a modelar el objetivo. Por ejemplo, observemos la siguiente construcción del objetivo **"Quiero mejorar la comunicación con el director de mi departamento",** bajo el método METAS+, que es la versión es español del objetivo SMART.

MEDIBLE

¿Cómo sabrás que has logrado lo que te propones?
¿Cómo vas a medir tu progreso con respecto a eso que quieres lograr?
¿Qué marcas dispondrás a lo largo del camino?
¿Con qué frecuencia vas a medir tu progreso?

ESPECÍFICO

¿Qué quieres lograr exactamente?
¿Cómo puedes describir eso con mayor precisión?
¿Dónde quieres alcanzarlo?
¿Qué estarás haciendo cuando lo logres?

TIEMPO

¿Cuándo exactamente quieres alcanzarlo? (fecha)

ALCANZABLE

¿Qué recursos vas a necesitar para lograrlo?
¿De qué recursos dispones ya?
¿Hasta qué punto controlas el logro del objetivo?
En caso de que la acción dependa de otra persona, ¿qué puedes hacer para alcanzar el objetivo?

SIGNIFICATIVO

¿Qué representa el logro de este objetivo en tu vida/trabajo?
Imagínate que lo lograste, ¿cómo te sientes?

POSITIVO

¿Qué tanta felicidad te traerá?
¿Qué consecuencias tendrá conseguir el objetivo?
¿Cómo afectará el equilibrio en los diferentes aspectos de tu vida?
¿A qué personas importantes podría afectar la consecución de este objetivo?
¿Cuáles serían las consecuencias para esas personas?

Medible: Tener al menos dos reuniones semanales. En la medida en que sea posible, que la segunda sea un almuerzo o tomando un café.

Específico: En la primera reunión (de aproximadamente 40 minutos) se deben determinar los objetivos semanales, y en la segunda, revisar el avance y comentar los objetivos a largo plazo. En la segunda (de 1 hora) se sugiere aprovechar el ambiente distendido para hablar de temas fuera del trabajo. (Deportes, hobbies, familia, fin de semana, etc.)

Tiempo: Comenzando la próxima semana.

Alcanzable: Coordinar el tiempo de acuerdo con la agenda del director. Para esto, puedo consultarle disponibilidad a su secretaria. Previo a definir las reuniones, debo comunicarle la importancia de estas para alcanzar mis objetivos, y los del departamento, así como valorizar su tiempo en tenerla.

Significativo: El lograr mejorar la comunicación hará que sea más eficiente en mi trabajo, al tener las metas claras, aumentará mi compromiso con la empresa y me motivará a buscar nuevas tareas.

Positivo (+): Mejorar esta relación hace que aumente mi motivación personal, y en un futuro ayudará a abrir más oportunidades de ascenso laboral.

Es clave que todos los objetivos sean definidos de forma positiva, y que estén asociados a un valor que trascienda. De esta forma se logra afianzar el compromiso con el objetivo, y aumenta exponencialmente la probabilidad del logro.

Incluso, si queremos que los mismos se adapten a la estrategia de diversidad de la compañía o de nuestros líderes podemos considerar dos variables adicionales a la hora de elaborarlos:

Inclusivo: Preguntarnos si el objetivo considera a aquellos grupos o individuos que generalmente han sido excluidos a los procesos de decisión, actividades y formulación de políticas.

Equitativo: Revisar si el mismo incluye elementos de justicia o equidad que busca abordar la injusticia sistémica, la inequidad o la opresión.

MODELO GROW

El modelo GROW es una herramienta de resolución de problemas, que activa y organiza nuestra mente para alcanzar una meta o cumplir un deseo. **Grow** es una palabra en inglés que traducida al español significa 'crecer', que a su vez es el fin de poner este método en práctica. Es una de las mejores técnicas para desarrollar las habilidades del **coaching**.

Primero, partimos del simple hecho de definir nuestro objetivo final o meta (**Goal**). Una vez establecida la meta, se establece un plan de acción. Para ello, es necesario realizar un análisis de nuestra realidad actual (**Reality**), lo que nos ayuda a identificar si la meta es viable o no. Habrá también que evaluar las opciones (**Options**) que tenemos para alcanzarla. Haciendo las preguntas correctas y poderosas que motiven nuestra voluntad (**Will**), estamos listos para tomar acción en busca de alcanzar nuestra meta.

A continuación, desgloso cada una de las partes del método y presento algunas preguntas clave, para que el método resulte exitoso.

GOAL – LA META QUE QUEREMOS ALCANZAR.

Se empieza estableciendo exactamente lo que se quiere obtener, definiendo el objetivo. Para esto es importante retomar el modelo METAS+ desarrollado anteriormente.

Algunas preguntas poderosas para trabajar en esta primera etapa son:

- ¿Qué te gustaría lograr en un año?
- ¿Por qué es importante ese objetivo para ti?
- ¿Qué beneficios te traerá lograr ese objetivo?
- ¿Cómo sabrás que lo has alcanzado?

REALITY – LA REALIDAD O SITUACIÓN ACTUAL

El siguiente paso es enfocarse, y analizar la situación en la que nos encontramos hoy día. Debemos hacernos preguntas que ayuden a describir el escenario y cómo nuestro objetivo se puede delinear desde nuestro ahora. Preguntas clave que ayudan a enfocarse: cómo, cuándo, dónde, quién, para qué.

¿Del 1 al 10 dime cómo estás en ese objetivo actualmente?

¿Qué hábito te impide hoy alcanzar ese objetivo?

¿Con qué recursos cuentas para alcanzar ese objetivo?

¿Qué implicancia tendría no hacer nada?

OPTIONS – LAS OPCIONES, ALTERNATIVAS Y ESTRATEGIAS PARA CONSEGUIR EL OBJETIVO.

Ahora es tiempo de evaluar todas las alternativas para lograr alcanzar el objetivo, y pensar de manera más allá de nuestra realidad inmediata, es decir en nuestro futuro y las diversas posibilidades de acción. Una vez ampliada la perspectiva, analizando los diferentes cursos de acción, el trabajo del líder **coach** es estimular para que la persona profundice en su pensamiento, que abra su mente al máximo, explorando ventajas y desventajas de cada opción.

Algunas preguntas que se pueden hacer en este estadio:

- ¿Qué alternativas tienes para ese objetivo?
- Si ya has intentado una alternativa que no funcionó, ¿Qué podrías hacer diferente?
- ¿Cuáles son tus fortalezas para ese objetivo?
- ¿Si tuvieras recursos infinitos (dinero, tiempo, contactos, etc.) qué harías primero?

WILL – LA VOLUNTAD DE ACCIÓN Y PREGUNTAS ESPECÍFICAS PARA DELIMITAR EL OBJETIVO

Finalmente, es el momento de empezar a moverse en dirección hacia nuestro objetivo, trazando un plan específico de acción. No alcanza simplemente con definir un primer paso, una fecha y los recursos que utilizaremos, sino también "anclas" o alarmas que nos recuerden que es hora de empezar a actuar.

Algunas preguntas para ayudar a las personas a ponerse en marcha:

- ¿Cuándo lo vas a hacer?
- ¿Cuáles son las acciones necesarias para llegar a tu objetivo?
- ¿Cómo sabrás que has llegado?
- ¿Qué hitos tendrás en el camino para saber que te estás acercando?

ANCLAS Y ANCLAJES: FUNDAMENTAL PARA EL ÉXITO DE LOS MÉTODOS SMART Y GROW

Los anclas y anclajes en la Programación Neuro-Lingüística (PNL) son una técnica de la neurociencia, que nos pueden ayudar a mejorar nuestros resultados emocionales en diferentes situaciones.

De algún modo, podemos decir que el **ancla** es la señal sensorial, el disparador del estado emocional, y **anclaje** es toda la conexión desde la percepción sensorial a la emoción[55].

Todos tenemos anclas y anclajes naturales que se han creado en nuestro cerebro gracias a las experiencias vividas, y que se disparan de modo inconsciente con algún detonador. Por ejemplo, músicas, olores, entornos físicos, personas, etc., que nos llevan a sentirnos bien (o no tan bien), nos trasladan a un lugar, nos generan sensaciones y recuerdos, o nos motivan a empezar a movernos.

La buena noticia es que estos anclas pueden crearse de modo consciente, para ayudar justamente a establecer "anclajes" para que la persona recuerde su objetivo, sus valores y las acciones que desea emprender. También mediante ciertas técnicas de PNL pueden eliminarse anclas que están asociados a sensaciones negativas o creencias limitantes.

Los anclas pueden variar dependiendo el tipo de persona que seamos. En general, las personas pueden agruparse en tres grandes grupos según sus tipos de anclas:

---

55 Neuro Quotient: Anclas y anclajes de PNL ¿cómo y por qué funcionan? (online). https://neuroquotient.com/anclas-y-anclajes-de-pnl-como-y-por-que-funcionan-pro-gramacion-neurolinguistica-3/ Fecha de consulta: 29/03/2020

Visuales: las imágenes son su principal medio de motivación, por lo que las anclas más efectivas serán: **post-it**, imágenes, recortes de revistas, suvenires, etc.

Auditivas: su sentido de la escucha domina su método de pensamiento, por lo que a estas personas será más efectivo utilizar como recordatorio una canción, alarma de celular, despertadores, etc.

Kinestésicas: son personas que recuerdan lo "físico", o lo dominado por el sentido del tacto. A estas personas le será más útil, por ejemplo, ponerse una pulsera, cambiarse un anillo de dedo, utilizar otro tipo de vestimenta, etc.

Algunas preguntas para ayudar a las personas a establecer anclajes son:

- ¿Qué harás para recordar que debes hacer eso en tal fecha?
- ¿Qué puedes hacer para ayudarte a realizar esta acción regularmente?
- ¿Hay algún objeto/sonido/imagen/olor qué te pueda ayudar a recordar de hacerlo?

5.F. MANEJO DE CREENCIAS

Las creencias no pueden clasificarse como verdaderas o falsas, ya que lo que le hace bien creer a una persona (ya sea porque la potencia a sacar la mejor versión de sí misma, o simplemente la hace sentirse bien) puede ser algo limitante o perjudicial para otra, y viceversa.

Cuando nos enfrentamos a nuevas estrategias para alcanzar objetivos, es muy importante reconocer el poder que tienen las creencias sobre cada uno de nosotros. Cada uno de nosotros, y en el caso de una empresa, de los empleados, llega con trasfondos culturales muy diferentes, que pueden hacer que este proceso requiera de un trabajo adicional sobre las creencias de los líderes.

Incluso, el país o región donde estamos trabajando, la industria de nuestra organización y hasta la cultura organizacional, pueden limitar los cambios en pro de la diversidad y la implementación del coaching ejecutivo.

Tomemos por ejemplo una empresa naviera que debe implementar un grupo de recursos para los empleados (ERG) en diversidad LGBTQ entre sus empleados de Panamá, porque su casa matriz ya lo realizó en Dinamarca y el resto de Europa y ahora desea replicarlo en Centroamérica.

Claramente, los desafíos no serán los mismos. La región, y esta industria en particular, está dominada por una cultura machista de trabajo portuario y con fuertes raíces religiosas. Imagínense cómo sería visto por el resto de sus compañeros, un trabajador que desea ofrecerse a participar de este ERG. Al principio, no la pasaría para nada bien, incluso siendo simplemente un "aliado" de la comunidad LGBTQ. En una situación como esta es que interviene el líder **coach** que se convierte en el principal aliado para acompañar a estos valientes en el proceso y acomodar la cultura organizacional a las nuevas creencias de inclusión y diversidad.

Pero volviendo a las creencias, las mismas "**están en un nivel superior a las habilidades y capacidades, influyendo directamente sobre ellas, en mayor medida que los valores**"[56]. Podríamos decir que es una idea inconsciente considerada como verdadera por quién la posee, algo en lo que cree "a fe ciega" sin capacidad de contraste.

Una **creencia limitante** es aquel pensamiento negativo que consideramos como cierto, sin que realmente lo sea, y que nos condiciona y nos influye en detrimento de nuestro actuar.

Algunos ejemplos de creencias limitantes pueden ser:

- "No puedo hablar en público porque me da vergüenza"
- "Cuando estoy con mi jefe me pongo nervioso".
- "El matrimonio igualitario no está bien porque eso no está en la Biblia".

Por el contrario, una **creencia potenciadora** es aquel pensamiento positivo que nos invita a avanzar, a progresar hacia lo que nosotros consideramos como bueno. Hacen que saquemos nuestra mejor versión tanto con nosotros mismos como en nuestra

---

56 Ayudacoach. *Cómo nos afectan Creencias y Valores* (online) http://ayudacoach. com/ como-nos-afectan-creencias-y-valores/. *Fecha de consulta: 19/08/2018*

relación con los demás.

Algunos ejemplos de creencias potenciadores pueden ser:

- "Cuando hablo en público me enfoco en una sola persona y puedo hablar tranquilamente"
- "Puedo estar en desacuerdo con mi jefe y hacérselo saber"
- "Puedo no compartir el matrimonio igualitario, pero la Biblia dice que amarás a tu prójimo como a ti mismo"

Generalmente, las personas no son conscientes de que tienen estas creencias limitantes, ya que se van formando en nuestra mente desde nuestra infancia. Es ahí donde toda la información que recibimos pasa de forma casi inmediata a nuestro subconsciente sin plantearnos o cuestionarnos la veracidad de dicha información. De ahí que nuestras creencias nos vengan dadas del entorno en el que vivimos, de las opiniones de los que nos rodean, de las experiencias vividas a nuestro alrededor. Todo esto nos hace creer en ideas concretas que no nos cuestionamos hasta bien entrada la edad adulta y en el peor de los casos nunca volvemos a pensar en ellas: "esto es así desde siempre", o como muchas madres y padres nos dicen "esto es así porque lo digo yo".

Las creencias moldean nuestra forma de percibir la realidad, condicionando la forma de comportarnos y relacionarnos con los demás. Afortunadamente, es posible trabajar para cambiar estas creencias. Y si bien no es algo sencillo, ya que es algo que viene asociado a nuestro propio sistema operativo desde pequeños, cuanto antes consigamos ser conscientes de aquellas creencias que debemos modificar, más rápido veremos los beneficios que eso produce.

Una vez que se logra reemplazar la creencia limitante anterior, es importante gestionar acciones basadas en la nueva creencia potenciadora. Los resultados que salgan a la luz harán que esta nueva creencia se refuerce y se instale en el inconsciente como la nueva creencia dominante.

Volviendo al ejemplo de la naviera, implicaría un cambio de creencia el lograr que los colaboradores empaticen con la importancia de lograr lugares de trabajo seguros y libres de discriminación para los empleados LGBTQ, reforzando el mensaje de inclusión o ciertos conceptos como la figura de los "aliados". Eliminar los prejuicios del machismo en la industria generará empleados más motivados, abiertos a la comunicación y a compartir más francamente sus vidas, ya que es casi imposible dividir la vida personal de la laboral, como si una pudiera vivir sin la otra.

Es clave destacar el objetivo alcanzado, los resultados a nivel de productividad y las ventajas de abrazar la nueva creencia, para movilizar al equipo desde sus cimientos. Todo debe comunicarse para lograr que la nueva creencia de la diversidad permee y se instale como la nueva creencia superadora.

Es aquí donde la figura del **coach** ejecutivo se vuelve clave para trabajar en los prejuicios o sesgos más arraigados en los líderes. El **coach** ayudará a los líderes de la organización a detectar y observar esas creencias limitantes, modificarlas y reemplazarlas por creencias potenciadoras y consolidarlas.

Si no se logra ampliar la mente de estos referentes, todas las políticas de inclusión que la empresa desee llevar a cabo serán irrelevantes.

Por esta razón quiero que antes de pasar al siguiente capítulo, tomes cinco minutos para responder las siguientes preguntas poderosas. Son esenciales para que te conviertas en un líder **coach** exitoso.

1. Si te imaginas de acá a 1 año: ¿Cómo te gustaría ver a tu organización? ¿dónde quisieras estar? ¿Y si te proyectas a 3, 5 o 10 años? No es algo sencillo, pero anímate a hacer el ejercicio.
2. ¿Cuáles serían tus propios objetivos SMART como el primer paso de acción para llegar a esos escenarios deseados? (recuerda agregarles el componente de diversidad e inclusión).
3. ¿De qué manera probar tu propia determinación personal te puede llevar a convertirte en un líder más efectivo para tu organización? ¿Ya eres consciente de tu propio "PARA QUÉ"?
4. ¿Crees que has alcanzado tu zona de confort? ¿Qué te limita para dar ese primer paso para salir de esa zona? ¿Cómo puedes minimizar los riesgos o potenciar las oportunidades?
5. ¿Eres consciente de todo tu potencial? ¿Sientes que estás dándolo todo?
6. ¿Qué esta enseñando tu estilo de liderazgo a las personas que te rodean? ¿Recuerdas alguna ocasión en que hayas probado realmente tu propia efectividad de liderazgo?
7. ¿Reconoces algún área de mejora en tu liderazgo? ¿Qué estás haciendo para mejorarlo?
8. ¿Con qué frecuencia la gente te desafía diciéndote "no" o se acerca a cuestionar o discutir alguna de tus acciones, decisiones o comportamiento?
9. Cuando hablamos de diversidad e inclusión, ¿qué suposiciones estás haciendo sobre este tema? ¿Es eso cierto? ¿Qué tan seguro estás de que es cierto?
10. ¿Has detectado alguna creencia limitante que puedas reemplazar por otra creencia potenciadora? ¿Cómo será tu vida o tu carrera en un año si actúas como si esta nueva creencia fuera cierta?

CAPÍTULO 6

PUESTA EN MARCHA: DEFINIENDO E IMPLEMENTANDO LA 'RUTINA INCLUSIVA'

"En los 10 años que llevamos realizando Drag Race, lo único que siempre hemos buscado es el carisma, la originalidad, el coraje y el talento. Y eso nunca cambiará."[57]

RuPaul Charles

"Sentía que si no hablaba con mi equipo de algo tan importante en mi vida perdía efectividad de liderazgo en una de las patas más importantes que tiene que ver con la transparencia y la honestidad; no sé si hay algo más importante para un CEO que ganarse el respeto de la gente que te acompaña".

Estas son las palabras de Antonio Aracre, CEO de la filial argentina de una de las empresas líderes en el sector agropecuario, y el primero en el país en animarse públicamente a salir del clóset. Tiene a su cargo 1,500 empleados a los que un día decidió contarles abiertamente su orientación sexual.

El 26 de junio de 2013, se reunió con su jefe, de nacionalidad inglesa y COO a nivel global y le contó que ya hacía tiempo había decidido vivir abiertamente su homosexualidad.

"Tengo que hablar con vos de un tema que me parece importante. Quiero que vos sepas algo y que sea yo quien te lo cuente", recuerda que le compartió Antonio a su jefe.

---

57 Las cuatro cualidades que RuPaul busca en las drag Queens que participan en su reality show "RuPaul's Drag Race" se basan en esas características, en inglés "Charisma, Uniqueness, Nerve and Talent".

"Bueno, me alegro de que hayas querido compartir esto conmigo", le respondió su superior. **"Pero ¿por qué me lo contás? ¿Es algo importante que yo deba saber?",** le preguntó de vuelta a Antonio.

Anteriormente, al jefe de Antonio ya se le habían acercado para hablar del tema otras personas de la organización con intenciones de perjudicarlo y dándole al asunto una connotación negativa; su jefe -le contó luego- siempre respondía de la misma manera: **"no hay nada que conversar con vos con respecto a eso: se trata de la vida personal de nuestra gente".**

Al poco tiempo recibió la llamada del CEO global quien lo felicitó por haber tomado una decisión tan valiente como genuina a la vez.

Actualmente, Antonio se ha convertido en el referente del empresariado LGBTQ Latinoamericano.

"Creo que no se le puede obligar a nadie a salir del clóset, es una decisión que se toma en absoluta libertad, pero no tomarla, tiene un costo muy alto para la salud física y la salud emocional de las personas", dice Antonio, ejemplo perfecto de un líder y **coach** en acción.

"Contar esta historia tendría poco sentido para mí sino fuera porque aún hoy sigue habiendo sufrimiento de muchos chicos víctimas del bullying y la discriminación. No importa tu etnia, religión u orientación sexual, ir detrás de tus sueños, solo depende de vos", finaliza Antonio.

6.A. EL LÍDER COACH EN ACCIÓN

Cuando un líder **coach** decide poner en marcha su visión debemos considerar tres aspectos en los que sus acciones tendrán impacto inmediato: los individuos, los equipos y la organización en su conjunto. El proceso no es de un día para el otro, lleva tiempo y en el camino seguramente surgirán nuevos desafíos que pueden llevar a que se deba ajustar el plan. Lo importante es que el objetivo esté claro y arraigado a nuestros valores más intrínsecos, a nuestro "para qué". Esta es la mejor manera de asegurarse de mantenernos motivados, enfocados en nuestras metas y a juntar el coraje para atravesar exitosamente el proceso.

Para lograrlo, además de utilizar las preguntas poderosas, también deberá desarrollar las técnicas mencionadas en el capítulo anterior para trabajar en los objetivos de cada persona y equipo a su cargo, ayudándolos a eliminar sesgos inconscientes y creencias limitantes, para potenciar un proceso de autoconciencia que desarrollará el potencial de cada persona y de la organización como un todo.

Anteriormente, ya mencionamos también las características claves de la cultura de aprendizaje, que debe estar presente en todas las organizaciones de la nueva economía, y qué debe hacer el líder **coach** cuando comience con este proceso:

- Expresar con claridad el para qué.
- Ser un modelo de comportamiento.
- Generar habilidades a lo largo y ancho de la organización.
- Derribar las barreras.
- Network de equipos.

Para el líder **coach** es clave que logre desarrollar esas habilidades en la gente que está a su cargo, sobre todo en los gerentes y mandos medios que son los que pueden replicar este modelo en todo el resto de la organización. Los gerentes necesitan reinventarse como coaches, cuyo trabajo es extraer el máximo potencial de las personas, desarrollar la creatividad y el aprendizaje de las personas con quién trabajan. Y lograr esto depende 100% de los líderes de estos gerentes.

Cuántas veces hemos escuchado:

- Me encanta la idea, pero no tengo tiempo para esto.
- Mi "jefe" además de pedirme esto para "ayer", quiere que les dedique tiempo a las personas de mi equipo.
- Yo no soy coach, por qué la empresa no "gasta" en uno y lo trae. ¿Por qué me hacen "perder tiempo" a mí?
- Yo soy contadora/ingeniera/abogado...que de eso se ocupe la gente de Recursos Humanos.
- El coaching es el nuevo invento del siglo XXI, ya se les va a pasar. Que les aumenten el sueldo y listo.

Las personas tendemos a ser resistentes al cambio, y a tener una actitud reactiva, en lugar de proactiva cuando este ocurrir. Lo mismo sucede con el uso de nuestro tiempo, el recurso más valioso que tenemos a nivel individual. ¿Por qué voy a invertir mi tiempo en los demás?

Obviamente nunca se puede dejar de lado el alcanzar los objetivos financieros y económicos de la empresa. Sin embargo, es clave que entendamos que esto no se puede lograr sin un equipo alineado trabajando en el fin común, que es la visión clara de nuestra organización, y sin ocuparnos de nuestra gente y el impacto que tienen nuestras acciones en la comunidad en la que actuamos.

Aquí es donde es clave la comunicación del "para qué" cuando se comienza cualquiera de estos procesos transformacionales. Las personas necesitan saber qué van a obtener a cambio de invertir su tiempo de trabajo en el desarrollo de otras personas. Debe quedar claro que esto potenciará la organización, construirá personas más empoderadas de su trabajo y sus roles, nos dará más tiempo individual en el mediano plazo, y una gratificación de crecimiento individual que no lo logra un aumento de salario.

Una vez escuché de alguien muy sabio, el ejecutivo Alfredo Spilzinger, presidente de la red internacional SFAI (Santa Fe Associates International), decir en una conferencia unas palabras muy acertadas sobre la motivación: "**La motivación atada al aumento de los salarios se termina cuando la persona aprende en qué gastársela**". A los pocos meses ese diferencial en dinero ya se está alocando en un nuevo gasto o inversión, y la persona vuelve a esperar el próximo aumento que quién sabe cuándo llegará.

En cambio, si asociamos la motivación interna a un valor, objetivo o sueño de las personas, se logra mantenerla viva por un periodo más extenso. Además, la persona va a sentirse comprometida con la organización por haberle permitido alcanzar algo que parecía muy lejano y se logra una relación simbiótica en la que ambas partes se benefician.

6.B. COMENZANDO EL PROCESO DE COACHING EN DIVERSIDAD E INCLUSIÓN

Ahora, ha llegado el momento de poner manos a la obra, y tener las primeras sesiones con los futuros líderes de la diversidad.

La organización ya ha comprendido la importancia de gestionar e impulsar la diversidad en la compañía, los altos mandos han mostrado su apoyo al tema y comunicado adecuadamente que este será un tema prioritario en la agenda. Se han comunicado las ventajas de ser una organización inclusiva y que se estarán llevando a cabo sesiones de **coaching** para empoderar a los líderes de los ERG y de otras áreas para afianzar el proceso de la instauración del nuevo paradigma en la cultura organizacional.

Ahora bien, qué hace exactamente nuestro líder **coach** cuando organiza la primera sesión de **coaching** con sus gerentes o las personas que han sido escogidas para llevar a cabo el proceso de comenzar a gestionar la diversidad.

BUSCA UN LUGAR NEUTRAL

El primer paso es buscar un lugar neutral. En este momento el "jefe", un gerente o la "CEO" les corresponde asumir un nuevo rol para empoderar a la persona que tienen enfrente. En este espacio, los objetivos de presupuesto, la campaña de marketing, el pago de nómina, o cualquier otro tema del "día a día", debe quedar olvidado y agendado para otro tipo de reunión.

En caso de que no se pueda utilizar una sala distinta a la oficina del ejecutivo al mando, es importante que el lugar se restructure. Por ejemplo, es conveniente evitar una conversación desde atrás del escritorio, ya que el mismo sigue asociado como una "barrera" que distancia al **coach** ejecutivo con la otra persona. Cambiar las sillas de lugar o incluso invertir los roles de los asientos son buenas opciones. Que el o la **coachee** se siente del otro lado para demostrarle que esa persona ahora tiene el poder de cambiar su realidad y comenzar un proceso transformador.

CONFIDENCIALIDAD

El segundo paso es establecer que las conversaciones que se realicen dentro de este contexto serán seguras y confidenciales. La persona que reciba el coaching debe poder sentirse segura de que lo que surja de las sesiones debe quedar a resguardo, para poder expresarse libremente y lograr alcanzar a plantear asuntos importantes que requieran acción inmediata. Recordemos que tocar temas de diversidad e inclusión no es sencillo, y están atados a muchas susceptibilidades que puedan afectar a ciertos colaboradores o incluso a un grupo entero. Muchas relaciones de poder pueden entrar en juego, y es aquí donde se ve la importancia de contar con un 'Key Sponsor' dentro de la organización, para que sea una persona neutral con el que se puedan tocar los temas que salgan de la sesión y ejecutarlos.

PLANTEA LOS ACUERDOS DE LA RELACIÓN

Otro punto que está fuertemente unido al anterior es el de plantear acuerdos entre el líder **coach** y el **coachee**. Estos van a definir la relación desde el principio y deben estar basados en dos valores clave: compromiso y confianza.

El compromiso hace referencia más que nada a llevar a cabo estas sesiones hasta lograr los objetivos planteados. Al comienzo de la relación se deben plantear algunos aspectos como:

- Periodicidad y duración de las sesiones.
- Forma o lugar de llevarlas a cabo (presencial o remoto, dentro o fuera de la organización).
- Formas de notificar cualquier cambio en la programación con debida antelación.
- Clarificar que el coaching tendrá un carácter exclusivamente formativo y empoderador, no así terapéutico[58].

El coachee debe comprometerse a participar de forma activa y sincera en todas las sesiones, así como también a asistir puntualmente a cada una de las sesiones acordadas. Debe también realizar un esfuerzo sistemático para cumplir con las acciones inmediatas acordadas durante las sesiones para mejorar su desempeño en sus actividades personales y profesionales.

Por su parte, el **coach** debe comprometerse a garantizar que la empresa para la

---

[58] En caso de que el **coach** determine que el caso deba requerir algún tipo de asistencia psicológica o psiquiátrica, se sugiere discontinuar el proceso y derivar el caso a otros profesionales certificados e idóneos para dichos fines.

que labora el **coachee** no interfiera en el proceso de coaching. Cualquier conflicto de intereses con la organización se resolverá teniendo en cuenta el interés del **coachee**; y cuando las condiciones internas o externas hagan que el proceso de **coaching** sea inabordable, el **coach** tiene el deber y compromiso de notificarle al **coachee** que se deberá dar por terminado el proceso anticipadamente.

DEFINIR OBJETIVO SMART

Si bien algunos **coaches** prefieren comenzar atacando un asunto inmediato de conversación o preocupación, cuando nos embarcamos en un proceso de **coaching** que va a impactar en toda la organización es importante que en las primeras sesiones se defina exactamente cómo visualizamos el proceso de inclusión a mediado o largo plazo.

¿Qué exactamente queremos lograr cuando hablamos de diversidad e inclusión? ¿Cómo sabremos que hemos alcanzado el objetivo? ¿Contamos ya con ERG o un Concejo de Diversidad que se pueda potenciar o debemos comenzar el proceso desde cero? ¿Con qué recursos logramos para alcanzar ese objetivo? ¿Conocemos a alguien u otra organización que haya realizado algo similar y que nos pueda ayudar en esta gestión? ¿De qué plazo de tiempo estamos hablando?

Es clave que en las primeras sesiones se trabaje en definir ese objetivo para establecer el marco de tiempo y cantidad de encuentros que debería tener el líder **coach** con el futuro líder. Recordemos que un proceso de **coaching** no es infinito, o a muy largo plazo, como lo puede ser la terapia, sino que busca enmarcarse en un estimado máximo de 5 o 6 sesiones. En procesos como este que abarcan transformaciones organizacionales de alto impacto, podemos estimar un plazo de un año con una sesión mensual, y algunos llamados cortos de seguimiento intermedio.

DEFINE ASUNTO INMEDIATO

Una vez que ya sabemos hacia donde nos dirigimos, y tenemos objetivos SMART alineados con los valores de la organización, llegamos al momento de actuar.

En las próximas sesiones ya deben abordarse los asuntos inmediatos, de corto plazo, que afectan el alcance de esos objetivos. En este momento algunas preguntas poderosas que el líder **coach** podría formular son:

- ¿Qué te gustaría conversar hoy?
- ¿Qué te preocupa sobre la consecución de tu objetivo?
- ¿Cómo crees que este nuevo objetivo o acción impacta en la visión que tenemos a largo plazo?
- ¿Hay algo de mi parte, y que esté a mi alcance como directivo, qué pueda hacer para ayudarte a avanzar en este objetivo?
- ¿Cuál sería el primer paso de acción para avanzar hacia ese objetivo?

PASOS DE ACCIÓN

Al finalizar cada sesión, debe quedar definido un paso de acción inmediato, para comenzar a mover tanto al **coachee** como a su objetivo. El **coachee** debe comprometerse a realizar esta acción dentro de un periodo de tiempo definido, y que sea antes de la próxima sesión. De esta forma se puede avanzar de forma precisa al objetivo final.

Es importante que si a medida que avanzan las sesiones el **coachee** queda frenado en la consecución de alguno de estos pasos, el líder coach sea comprensivo. No se debe regañar al coachee por no haber realizado la tarea, sino empezar a indagar por aquello que lo llevó a no realizarla. Muchas veces temas como falta de tiempo, vergüenza, falta de recursos (no específicamente financieros), desconocimiento, etc., actúan como limitantes para que nuestro futuro líder de la diversidad finalice sus tareas.

Algunas preguntas poderosas que el líder **coach** podría formular ante esta situación son:

- De los objetivos planteados la sesión anterior, ¿en qué porcentaje has avanzado?
- Imagínate que cumples este objetivo, ¿cómo te sientes?
- ¿Qué nuevo paso de acción puedes definir para alcanzar ese objetivo?
- ¿Qué día puedes apartar en tu agenda para realizarlo?
- ¿Qué harás para recordar que debes hacerlo? (anclas)

Si la situación de no poder cumplir con las tareas asignadas se repite - que recordemos son definidas por el mismo **coachee** y no por el **coach** - en dos o más sesiones, el líder coach debe incluso analizar si es necesario replantear el objetivo o "ajustar" los plazos. Es claramente visible que el **coachee** está posponiendo esas tareas porque no se encuentran alineados a sus valores o su mente no está comprometida al 100% con el objetivo final.

En temas de diversidad e inclusión no debemos trabajar con un **deadline** como si fuera el cierre de un año fiscal en el que tengamos que apurar todo para poder hacer los impuestos o estados financieros. Estos procesos buscan que las personas se integren, no se aíslen, y no se frustren en el proceso. Por lo que la flexibilidad y resiliencia se transforman en dos características claves del líder.

SEGUIMIENTO

Finalmente, el líder coach debe dar seguimiento de las acciones entre las sesiones. No alcanza con esperar a la próxima reunión para ver cuánto se ha avanzado o no con los objetivos planteados o los pasos de acción definidos.

Aquí es donde el **coach** actúa como un verdadero entrenador de los deportes, que le recuerda a sus jugadores la importancia de entrenar todos los días, alimentarse bien y descansar las horas suficientes por día.

Es importante que el **coach** recuerde las fechas que se plantearon en las sesiones para realizar las tareas para poder animar a la otra persona a realizarlas.

- Recuerda que hoy te comprometiste a llamar al Key Sponsor.
- Si ayer no pudiste hacer ese llamado, recuerda agendarlo para estos próximos días.
- ¿Has podido conseguir el número de esa organización?
- En dos semanas es nuestra próxima sesión, ¿necesitas apoyo de mi parte para lograr los compromisos para esa fecha?

El líder coach debe estar ahí para acompañar al futuro líder y gestionar las condiciones para que el fin de la relación sea exitosa. Como mencionamos anteriormente, sólo el coachee es responsable de llevar a cabo su desarrollo personal, pero el líder inconscientemente se convierte en un pilar esencial en este logro.

1. BUSCA UN LUGAR NEUTRAL

2. CONFIDENCIALIDAD

3. PLANTEA ACUERDOS

4. DEFINIR OBJETIVO SMART

5. DEFINE ASUNTO INMEDIATO

6. PASOS DE ACCIÓN

7. SEGUIMIENTO

6.C. CAPACIDADES EMOCIONALES, ESCUCHA ACTIVA Y AUTODESARROLLO

Más allá de las técnicas de **coaching** para definir los objetivos, trabajar las creencias limitantes y los sesgos inconscientes, el líder **coach** debe trabajar internamente para desarrollar tres características o capacidades que lo ayudarán a potenciar el proceso y conseguir mejores resultados y un mayor compromiso del resto de la organización.

CAPACIDADES EMOCIONALES

Para lograr gestionar la diversidad empresarial, los altos ejecutivos requieren desarrollar competencias emocionales, que se sumen a las herramientas técnicas y profesionales previamente adquiridas por su experiencia en la organización.

El punto de partida es concientizar el **manejo de los sentimientos**, prejuicios y emociones, de modo tal de expresarlas adecuadamente y con efectividad. Aceptar que las emociones, tanto nuestras como de los demás, muchas veces suceden inconscientemente es el primer paso del proceso.

De acuerdo con el Foro Económico Mundial, para 2020, la Inteligencia Emocional será una de las 10 competencias más importantes para la vida laboral[59], por lo que muchas organizaciones han implementado una variedad de estrategias para impulsar su desarrollo.

La inteligencia emocional es la capacidad de reconocer nuestros propios sentimientos y los de los demás, así como manejar las emociones de manera efectiva. De acuerdo con David Goleman, psicólogo estadounidense, el IQ tradicional (inteligencia intelectual) sólo representa el 20% del éxito profesional de una persona, mientras que el 80% restante está determinado, en gran medida, por la capacidad de gestionar sus emociones.

Saber aplicar la inteligencia emocional en nuestras relaciones tanto laborales como personales, es un factor clave que nos ayudará a no tomarnos las cosas de forma personal. Esto último es algo de lo que muchas veces pecamos en el lugar de trabajo.

Dejar que las situaciones laborales nos afecten de modo personal solo permite que no podamos tomar decisiones objetivas y actuemos de forma impulsiva. Suceda lo que suceda a tu alrededor, no te tomes nada personalmente. Lo que digan otros sobre ti tiene que ver con ellos, no contigo.

Si logramos aplicar la inteligencia emocional para poder separar las situaciones puramente laborales estaremos en condiciones de tomar mejores decisiones, y como diría la famosa Drag Queen Alyssa Edwards: *"It's not personal, it's drag"*[60]

EMPATÍA

Desde esa aceptación se debe entonces desarrollar la **empatía**, es decir, la aptitud para ponernos en el lugar del otro. Según el psicólogo Gustavo Pérez, es *"la capacidad de poder experimentar la realidad subjetiva de otro individuo sin perder de*

---

59 World Economic Forum: The 10 skills you need to thrive in the Fourth Industrial Revolution (online) https://www.weforum.org/agenda/2016/01/the-10-skills-you-need-to-thrive-in-the-fourth-industrial-revolution/ Fecha de consulta: 29/03/2020

60 "No es personal, es drag". (arte del transformismo)

perspectiva tu propio marco de la realidad, con la finalidad de poder guiar al otro a que pueda experimentar sus sentimientos de una forma completa e inmediata"[61].

Esto no implica que el líder ejecutivo pierda su identidad o se mimetice con el otro, sino sentir, palpitar y sintonizar como lo hace la persona con la que está interactuando.

Tampoco debe confundirse con ser amable o cordial por demás, ni funcionar de psicólogo para hacer terapia al equipo. La empatía es comprender al otro, desde el otro, y también gestionar la relación con asertividad. La empatía busca que el líder se interese por las personas que componen su equipo, sus motivaciones, el origen de sus dificultades, y sus habilidades para solventarlas. Básicamente, la empatía se practica tratando a los demás como nos gustaría que nos tratasen a nosotros. La gestión empática, también desde la posición directiva del buen líder, resulta imprescindible para establecer una buena relación, cercana, confiable y fluida.

La nueva organización que aprende está caracterizada por el trabajo colaborativo y la interacción de sus individuos en forma de redes (**networking**). La empatía laboral de los líderes se convierte en un factor determinante del buen o mal estado de estos vínculos con las personas que forman parte de esos equipos, así como de las relaciones con el resto de los stakeholders.

Supongamos, por ejemplo, un líder que carece de empatía laboral. A corto plazo seguramente pueda conseguir sus objetivos de su puesto, pero, tarde o temprano, necesitará la colaboración de otros profesionales. No puede aislarse del contexto organizacional, ni ser ajeno a las emociones de su equipo de trabajo. Por lo que en algún momento su avance se verá estancado por la falta de colaboración.

En cambio, los líderes que construyen sus relaciones de forma empática cuentan con el respeto y el apoyo de su equipo en todo momento, obteniendo éxito y avance en sus proyectos. Así, la empatía laboral de un líder le permite ponerse en la piel de las personas con las que convive, lo que le facilita una información valiosa sobre sus

---

61 Escuela Europea de Management: *Empatía laboral en el liderazgo: ¿por qué importa tanto?* (online) http://www.escuelamanagement.eu/habilidades-de-liderazgo-2/empatia-laboral-liderazgo-importa-tanto Fecha de consulta: 29/03/2020

expectativas y necesidades. ¿Cómo va a motivar un jefe al equipo si desconoce qué importa o preocupa a los trabajadores?

Para eso no solo es importante analizar los sentimientos desde el punto de vista de la otra persona, sino aprender a escuchar activamente sus palabras, gestos y emociones.

DESARROLLA TU EMPATÍA

A continuación, unos consejos para potenciar conscientemente tu capacidad de empatía:

- **Contacto visual:** Cuando hables con otra persona mírale a los ojos de forma respetuosa. Mantener el contacto visual implica interés por tu parte, y tu receptor percibirá que estás "aquí y ahora" y se sentirá a gusto contigo. No se trata de mirarle fijamente y sin descanso, sino de «mirar y ver» para desde un estado de presencia, con atención plena, escuchar a la otra persona, haciendo que se sienta escuchada por ti. Has lo posible para lograr ese contacto y nivelar las posiciones de poder en esa conversación.

- **Recuerda los nombres:** tratar a la otra persona por su nombre hace que se sienta valorada y que es una parte importante de la agenda de la conversación. Este detalle puede ser el que haga toda la diferencia, sobre todo en grandes organizaciones, y puede ser reforzado incluso si recuerdas el nombre de su pareja o hijos/as.

- **Establece Rapport o sintonía:** Copiar sutilmente algunos gestos de la persona que tienes enfrente, asentir con la cabeza, sonreír, decir frases como "puedo entender cómo te sientes", "en tu lugar, me sentiría similar", ayudan a que la persona sepa que nos identificamos con ella, y que nuestra intención será tratar de llegar al entendimiento y a la mejora, desde la compresión.

- **El lenguaje de los gestos:** Si esbozas una sonrisa de vez en cuando y oportunamente, tu interlocutor lo interpretará como un gesto de aprobación hacía él/ella, o hacía sus palabras. Una sonrisa, una palmada de apoyo, una aceptación con la cabeza, etc., son gestos cómplices que mejoran la comunicación, generan conexión y afinidad entre las personas. Además, facilita el entendimiento y los acuerdos.

- **Adecuar la expresión a las circunstancias:** Acompañar tus palabras con el estado emocional que comunicas o compartes te dará un valor y resultados extraordinarios. Si por ejemplo debes comunicar una mala noticia, evidentemente no lo harás riendo, porque entonces el mensaje no sería congruente. Asimismo, si damos una buena noticia o compartimos éxitos, la expresión de alegría, orgullo y felicitación será importante para reforzar el mensaje.

ESCUCHA ACTIVA

El desarrollo de la empatía posibilita el incremento nuestra **escucha activa**, aumentando nuestra capacidad para obtener resultados exitosos tanto en las negociaciones, como en cualquier proceso que entrañe conciliar intereses, opiniones e ideas creativas.

Basada en el trabajo de Carl Rogers, se refiere a la habilidad de escuchar no sólo lo que la persona está expresando directamente, sino también los sentimientos, ideas o pensamientos que subyacen a lo que se está diciendo.

Implica, entre otros aspectos, ofrecer disponibilidad y mostrar interés por la persona que habla. La escucha activa consiste en una forma de comunicación que demuestra al hablante que el oyente le ha **realmente** entendido[62]:.

Algunos métodos y elementos que facilitan la escucha activa son las siguientes:

- Dejar hablar a nuestro interlocutor, sin interrupciones, permitiéndolo expresarse libremente y sin juzgarle.
- Estar "presentes", con nuestra mirada en el interlocutor, evitando distracciones, sin estar atentos a nuestros celulares, computadores o intentar hacer (o pensar) en otra actividad. Recordemos que "oír" no es sinónimo de "escuchar".
- Evitar monopolizar la conversación, intentando dar nuestra opinión de los hechos, haciendo juicios de valor o queriendo imponer nuestras ideas.
- Respetar los silencios que se produzcan de forma natural en la conversación. Ser paciente y respetar el tiempo del otro.
- No distraerse con lo superficial, sino atender a los motivos profundos que han llevado a esa persona a contarnos sus problemas. De esta forma, será más fácil que logremos conectar con la persona y le podremos dar un mejor consejo.
- Hacer preguntas relevantes y poderosas. De esta manera puedes clarificar la información que has recibido y mostrar interés por lo que la otra persona intenta

---

62 *Psicología y Mente: Escucha activa: la clave para comunicarse con los demás* (online) https://psicologiaymente.com/social/escucha-activa-oir Fecha de consulta: 29/03/2020

comunicar.

- Utilizar las técnicas de empatía e inteligencia emocional al momento de tener la conversación, de esta forma logramos entender mejor a nuestro interlocutor y validar lo que está sintiendo.

El lograr que las personas se sientan realmente escuchadas, y no simplemente oídas, es clave para el desarrollo de relaciones duraderas y sinceras dentro de las organizaciones.

COMUNICACIÓN ASERTIVA

Es importante que, a lo largo de todo este proceso de autodesarrollo organizacionales, acompañe un comunicación efectiva y fluida por toda la organización en lo que respecta a estas técnicas y su utilización a lo largo y ancho de la estructura. De no hacerse, algunas personas pueden suponer que estás técnicas, por considerarse demasiado "blandas" no son tomadas seriamente. Las habilidades comunicacionales son otra parte vital del proceso de gestión de diversidad dentro de la empresa, y que los altos mandos deben asegurarse de que permeen en todos los equipos para lograr el éxito del coaching ejecutivo.

La comunicación asertiva es un estilo de comunicación que permite expresar pensamientos, sentimientos y opiniones en el momento oportuno, de manera desenvuelta, sin experimentar nerviosismo, considerando los derechos de uno y de los demás, evitando descalificaciones, reproches y enfrentamientos. Es defenderse, sin agredir ni ser pasivo, frente a conductas de otros que consideramos poco cooperadoras, inapropiadas o poco razonables. Este tipo de comunicación busca evitar situaciones de conflicto pasivo-agresivas o de críticas destructivas que suelen ser recurrentes en las discusiones.

Se produce una comunicación asertiva cuando se expresa un mensaje en el que las palabras y los gestos transmiten claridad, y al mismo tiempo, una actitud de empatía hacia el interlocutor. Para poder dominar esta técnica, hablar en primera persona es clave, porque nos hacemos responsables de nuestras palabras, deseos y emociones. Decir frases como "Yo siento", "Yo necesito", "A mí me pasó que..." son muy diferentes a decir "Cuando dijiste tal cosa", "Por tu culpa", "Tú me haces sentir". Las primeras ponen el foco en nosotros mismos, y cómo nos hace sentir una situación, mientras que en las segundas estamos poniendo la responsabilidad en una tercera persona. Y la clave en todo este proceso es "hacerse cargo" de lo que estamos sintiendo, y cómo nos comportamos ante una situación.

Para comunicarnos asertivamente, a continuación, presentamos algunas técnicas que se pueden utilizar cuando tengas conversaciones con tu equipo de trabajo, y que aumentarán las probabilidades de que el mensaje sea escuchado y mejor recibido[63]:

Observa y comunica los hechos sin juzgar: la objetividad a la hora de analizar la situación se torna clave para poder comenzar una conversación. Describe lo que has observado sin añadir ninguna evaluación personal, o sentimientos que te genere. Recuerda en este punto los juicios de valor que podemos estar haciendo de forma inconsciente.

Identifica y expresa tus sentimientos: Esto implica un proceso mental que implica un camino a la acción, en el que recibes una información, la mezclas con tus conocimientos y necesidades para transformarla en pensamientos. Esos pensamientos te causan sentimientos, y actúas en función de ellos.

Calibra tus sentimientos: Debes comenzar a medir tus reacciones y emociones de acuerdo con el tono y vibra de la conversación. Evita mostrarte agresivo, porque reacciones de este tipo sólo provocan que la conversación aumente en provocaciones. Al mismo tiempo, evita ser condescendiente o extremadamente pasivo, ya que eso no generará ningún resultado. Evalúa la temperatura de la conversación y fluye con ella.

Encuentra tus necesidades no satisfechas: preocúpate por describir tus sensaciones internas en lugar de explicar tus pensamientos o interpretaciones de los actos de los demás. Toma responsabilidad de tus sentimientos en lugar de atribuirlos a los demás. Por ejemplo: "Siento que no estoy dando lo mejor de mí" describe una experiencia emocional tuya, mientras que "Siento que no me valoras" es una interpretación de los sentimientos de la otra persona, y como tal puede estar equivocada.

Anímate a decir que no estás de acuerdo: si sientes que algunas de los temas que se

---

63 Domínguez, Vanesa. ¿En qué consiste ser asertivo? (online). https://www.psicoactiva.com/blog/en-que-consiste-ser-asertivo/ Fecha de consulta: 30/04/2020

están evaluando no se alinean a tus pensamientos o a lo que tenías pensado, pide tu espacio para exponer tu posición. Frases como las siguientes pueden ayudar a expresar tu otro punto de vista: "veo que tenemos opiniones distintas, ¿en qué fundamentas tu opinión?", "me gustaría entender lo que dices, ¿podrías darme más detalles?", "siento que no estamos considerando este tema, ¿cuál es el motivo?".

Haz una petición activa y concreta: Céntrate en lo que quieres y sé lo más específico posible. Convierte tus peticiones en acciones concretas que los demás puedan realizar. Cuanto más claro seas, más probabilidades tendrás de que satisfagan tus necesidades. Para esto puedes utilizar la técnica de trabajar con los objetivos SMART.

Llegar a dominar estas aptitudes (manejo de emociones, empatía, escucha activa y comunicación asertiva) permite a los líderes ampliar su visión dentro de la organización, aceptando y validando las de los demás. De esta forma se logra generar una cultura sin sesgos, ya que las personas pueden expresarse libremente, en un ambiente donde serán comprendidas y sus líderes logran conectar con ellas.

COMUNICACIÓN ASERTIVA

EMPATÍA

ESCUCHA ACTIVA

MANEJO DE EMOCIONES

6.D. AFIANZANDO EL CAMBIO INCLUSIVO

El proceso de cambio transformacional en pro de la diversidad e inclusión ya ha comenzado, y lo más importante será no bajar nuestras defensas a lo largo del mismo. El proceso de cambio cultural hacia una organización que aprende es complejo y requerirá esfuerzo por parte de todos los actores involucrados, en especial de los líderes responsables de llevarlo a cabo. Impulsar una nueva cultura organizacional que en su ADN tenga incorporado la diversidad y la inclusión es un compromiso a largo plazo, pero claramente fortalecerá y revalorizará la propia identidad de nuestra organización.

A lo largo del proceso, los líderes de la diversidad, cualquiera sea el rol que estén ocupando en ese momento (CEO, Diversity Managers, Key Sponsor, líderes de algún ERG, responsables del Concejo de Diversidad, o simplemente cualquier persona que se anime y pueda influir en este tema) no deben olvidar las herramientas intrínsecas que poseen, y que van a moldear las conversaciones que vayan a tener para cambiar la realidad:

Autoconciencia: conocerse a uno mismo es el primer paso para identificar nuestras fortaleces y áreas de oportunidades, saber lo que sentimos y por qué lo estamos sintiendo. Buscar nuestro propio "para qué" hacemos lo que estamos haciendo, y para qué buscamos este cambio. Esto te llevará a identificar y ejercer tu propio liderazgo y a desarrollar tu productividad personal, lo que beneficiará a tu entorno y a tu organización.

Autogestión: aprender de nuestra propia capacidad de controlar las emociones, practicar la escucha activa en cada una de nuestras conversaciones y desarrollar nuestra capacidad de empatía con los demás. En este proceso entra en juego el "desaprender" aquellas capacidades que nos limiten a fortalecer los vínculos o que potencian nuestras creencias limitantes.

Conciencia social: reconocer y empatizar con las emociones de otras personas, no solo dentro de la organización, sino también identificar el impacto que tienen nuestras acciones (y el de nuestra organización) con todos los actores que la rodean (stakeholders)

Gestión de relaciones: trabajar efectivamente con otros, desde la resolución de conflictos hasta la inspiración y la motivación. Para esto el *coaching* ejecutivo y la aplicación de las preguntas poderosas se convierte en una herramienta primordial para fomentar relaciones de trabajo exitosas.

En este proceso puede suceder también que algunas personas no se adapten a la nueva cultura y eso es normal. El respeto por las creencias personales no puede ser traspasado obligatoriamente por una política organizacional bajo ningún punto de vista. Sin embargo, el líder tendrá que tomar la decisión de dejar ir a esas personas cuyos valores no son compatibles con los de la nueva cultura organizacional. El impacto económico a corto plazo puede ser grande, ya que pueden ser personas con mucho tiempo en la organización o que ocupen puestos de alta gerencia, pero esto debe ser considerado como una inversión a largo plazo. Será imposible transformar la organización con personas que no se alineen a los nuevos valores. A fin y al cabo, también el líder les estará facilitando el proceso de reinventarse en una nueva organización complementaria a ellos, ya que en la nueva cultura no se sentirán cómodos si no logran abrir sus mentes a la diversidad e inclusión. Es el momento en que el líder y sus equipos deben aplicar la fórmula de no tomarse esta decisión como algo personal, ya que al final es en pro de una organización más justa y equitativa.

LA RUTINA INCLUSIVA

Nuestro líder de la diversidad puede formarse una rutina semanal o mensual que recuerde constantemente la evolución de la nueva cultura. Más allá de mantener las reuniones periódicas con el Concejo de Diversidad, los ERG u otros patrocinadores de la diversidad, se deben monitorear los pilares que están en juego en todo el proceso de inclusión. Estos cinco pasos breves ayudarán al líder a afianzar los nuevos valores:

COACHING EJECUTIVO

IDENTIFICAR ASUNTOS QUE AFECTEN A LOS EMPLEADOS LGBTQ

ESCUCHA ACTIVA

COMUNICACIÓN ASERTIVA

EMPODERAR NUEVOS LÍDERES DE LA DIVERSIDAD

REVISAR Y ACTUALIZAR POLÍTICAS Y BENEFICIOS DE LA EMPRESA

RESPETAR Y GARANTIZAR LA PRIVACIDAD DEL EMPLEADO

REVISAR LOS ENTRENAMIENTOS DE LA EMPRESA, CUBRIENDO TEMAS LGBTQ

1.IDENTIFICAR ASUNTOS ORGANIZACIONALES QUE AFECTAN A LOS EMPLEADOS

La persona encargada por velar por el proyecto de instaurar la nueva cultura de la diversidad debe estar informada y atenta a identificar los temas que pueden llegar a afectar a los empleados LGBTQ dentro de la organización (o a aquellos empleados que formen parte de los grupos minoritarios que se busque afianzar su identidad dentro de la cultura).

Algunos ejemplos de estos asuntos pueden ser:

Procesos de reclutamiento: ¿Se están reclutando activamente personas LGBTQ? ¿Cómo son las comunicaciones al respecto? ¿somos abiertos sobre el tema? ¿se realizan capacitaciones sobre como mitigar los sesgos inconscientes en el proceso?

Beneficios: ¿Se están ofreciendo beneficios maritales a parejas del mismo sexo? ¿las parejas de nuestros empleados tienen cobertura médica amparada por la compañía?

ERG: ¿En qué parte del proceso estamos? ¿cuenta la compañía con un Grupo de Recursos de Empleados dedicado a trabajadores LGBTQ y aliados? ¿identificamos un Key Sponsor dentro de la organización que pueda impulsar su desarrollo?

Comunicación: ¿Está siendo inclusivo el lenguaje que utilizamos en los diferentes medios, tanto internos como externos? ¿nuestra página web cuenta con contenido apuntado a trabajadores y clientes LGBTQ? ¿se están realizando campañas gráficas para que las personas sientan el "*touch and feel*" de la diversidad y se comuniquen constantemente nuestros valores?

Reuniones: ¿Están los gerentes fomentando las reuniones con cambio de roles, o se mantiene el antiguo esquema de "una sola habla, y las demás escuchan"? ¿se da lugar a compartir ideas y opiniones de diferentes áreas y colaboradores? ¿estamos realmente rompiendo silos?

Políticas: ¿Se están promoviendo políticas para incluir colaboradores transgénero? ¿cómo están siendo comunicadas las nuevas políticas sobre diversidad? ¿se están cumpliendo? ¿hay un calendario establecido de cumplimiento y una persona encargada de su seguimiento?

2. EVALUAR Y ACTUALIZAR LAS POLÍTICAS Y BENEFICIOS DE LA COMPAÑÍA

¿Están nuestros gerentes, nuestro departamento de recursos humanos y nuestros empleados plenamente conscientes de las políticas organizacionales? ¿Están bien comunicadas? Nuestros y nuestras colaboradoras, ¿se pueden sentir cómodos e identificados caminando por los pasillos de la empresa?

Es importante que las siguientes políticas se compartan a lo largo de la empresa:

- Código de Ética y Conducta.
- Políticas contra acoso sexual y discriminación.
- Estándares de vestimenta.
- Declaración de Igualdad de Oportunidades en el Empleo.
- Políticas de aprobación de las campañas gráficas y publicaciones.

A su vez, nuestro líder necesita revisar si todos los empleados son tratados por igual. Muchas veces las organizaciones pueden dar por sentado algunos beneficios que pueden ser un problema para los empleados LGBTI, por ejemplo:

Seguro de salud privado: Algunas compañías de seguro sólo cubren a parejas de distinto sexo. ¿trabaja nuestra compañía con aseguradoras que sean inclusivas y cubran a parejas del mismo sexo? ¿cubren estas empresas a las colaboradas trans que tengan que pasar por una operación de reasignación de sexo?

Licencias: ¿Ofrece nuestra empresa licencias de maternidad/paternidad para parejas del mismo sexo? ¿la licencia de días de matrimonio (o unión civil) está contemplada para estas parejas? ¿se aplican también otras licencias como días de enfermedad, duelo, etc.).[64]

---

64 En este punto vale aclarar que en algunas ocasiones el país donde se encuentre la empresa puede no cubrir este tipo de licencias en forma legal, pero la empresa puede (y debería) tomar un paso adelante y ser un ejemplo de inclusión para las personas y la sociedad local.

Procesos de adopción o subrogación: ¿Cómo apoyamos a los trabajadores que empiezan estos procesos? ¿ofrece nuestra organización algún tipo de apoyo económico, psicológico o legal para facilitar la situación?

Discapacidades: ¿Qué tipo de beneficios estamos ofreciendo a personas con capacidades diferentes? ¿está preparada nuestra organización para hacer lugares de trabajos que se adapten a personas con, por ejemplo, dificultades para moverse, posean poca visión o audición, o que estén en sillas de ruedas?

Otros beneficios conyugales a parejas del mismo sexo: ¿Se aplican el resto de los beneficios que se le dan a parejas de diferente sexo al resto de los trabajadores en casos por ejemplo de repatriación, vacaciones, educación para sus hijos, talleres, etc.?

3.REVISAR LOS PROGRAMAS DE ENTRENAMIENTO Y ASEGURARSE DE QUE CUBRAN TEMAS LGBTI

Una vez definidos los asuntos organizacionales actuales y las políticas de diversidad, ¿cómo abordarlos formalmente?

No es suficiente que Recursos Humanos publique las políticas y las comunique vía correo electrónico con un **"por favor confirmar de recibido"**. Se requiere que todos los gerentes estén involucrados y se comprometan a respetar la diversidad de sus empleados, y empoderar a cada persona de su equipo para que se conviertan en embajadores de la inclusión. Vimos anteriormente cómo todo este proceso debe estar avalado desde lo más alto de la organización, y comunicado a lo largo y ancho de la misma.

Las empresas deben ofrecer capacitaciones y talleres sobre cómo lidiar ante situaciones de discriminación o de acoso laboral, establecer una "línea directa" para reportar casos de forma anónima, y realizar publicaciones para comunicar las políticas y beneficios. Además, el **C-Level** debe formalizar la intención de establecer o potenciar los Grupos de Recursos para Empleados (ERG), la introducción de la figura el "Diversity Manager" y comunicar la importancia que tiene la diversidad para potenciar los beneficios sociales y económicos de la organización.

4.RESPETAR Y ASEGURAR LA PRIVACIDAD DE LOS EMPLEADOS

Si queremos que esto funcione, las empresas deben gestionar ambientes seguros para que este proceso efectivamente funcione.

Todas las cuestiones que involucren directamente a un empleado LGBTQ deben tratarse como confidenciales. La opción de divulgar la orientación sexual o temas de género es exclusivamente de cada persona. Algunas personas decidirán ser directos sobre su sexualidad, mientras que otras preferirán mantener su vida personal separada de la vida profesional.

El objetivo para las organizaciones, y por lo tanto de cada uno de sus líderes de la diversidad, deberá ser crear entornos inclusivos en los que los empleados que prefirieran "salir del clóset" puedan sentirse seguros al hacerlo, y aquellos empleados LGBTQ que escojan no hacerlo, igualmente se beneficien de programas y otras políticas sin quedar expuestos ante las demás personas de la organización.

Si la empresa necesita divulgar cualquier información debe ser bajo requerimiento específico, y con total conocimiento del empleado.

5.EMPODERAR NUEVOS LÍDERES DE LA DIVERSIDAD

Todo este proceso es potenciado por la incorporación del **Coaching Ejecutivo** como parte vital de la forma de gerencial. Incorporar **coaches** para que luego nuestros propios gerentes puedan replicar el modelo con el resto de los líderes de la organización es clave para el desarrollo del personal y la retención de los talentos. El uso de preguntas poderosas, revisar nuestros valores y creencias, trabajar con objetivos SMART, y alcanzarlos mediante METAS+ acelerará el proceso de cambio para que las personas y, en última instancia la organización, sean la mejor versión de sí mismas.

El líder de la diversidad debe fomentar que se den las sesiones que serán parte del programa de inclusión, que se reserven lugares para poder reunirse, se respete la confidencialidad del acuerdo del coaching, y se creen las condiciones para que las personas puedan desarrollar sus objetivos inmediatos y le den seguimiento.

Adoptar la práctica de la **escucha activa** como un valor organizacional será clave para desarrollar el resto de las capacidades emocionales y, sobre todo, la empatía.

Finalmente, para que todo este proceso sea exitoso, es vital que vaya acompañado de una **comunicación asertiva**, y efectiva, a lo largo y ancho de la organización. Será mil veces mejor pecar por sobredosis de comunicación que por la falta de ella. Los directores ejecutivos y los líderes de diversidad deben desempeñar un papel activo en la comunicación de las nuevas políticas, que deben ser transparentes y visibles. Las reuniones regulares entre ambas partes deben realizarse al menos una vez al mes para evaluar al avance de la implementación de la cultura de inclusión, o cada vez que surja un problema de diversidad. En las mismas se debe dar lugar a que las personas puedan expresar sus sentimientos y diferentes puntos de vista, en un marco de respeto y confidencialidad.

La transición hacia una organización que aprende, estandarte del modelo de la nueva economía, que incorpora en sus venas y valores a talentos abiertos a la diversidad y la inclusión, es un hecho que debe afrontarse y adoptarse lo antes posible. Los cambios de paradigma, que dejan atrás aquellas creencias limitantes que asfixiaban las libertades individuales, no son rápidos, pero si reveladores. Una nueva organización está surgiendo. Una organización que es capaz de adaptarse rápidamente a un contexto volátil, en el que las personas tienen el poder para destruirla o potenciarla en un segundo, pero que si trabaja en empoderar mediante el coaching ejecutivo a sus líderes de la diversidad logrará una cultura a prueba de balas, cuyo escudo protector serán los propios talentos que la componen, sus embajadores y embajadoras de marca.

Los cambios no son de un día para otro. Requieren de personas con coraje, resilientes al fracaso y a los pormenores que puedan surgir en el camino. Personas que al mismo tiempo sean empáticas, sepan escuchar activamente y que deben aprender a incorporar y respetar los sentimientos, creencias y valores del resto de los miembros de la organización. Personas que creen que el cambio es posible y que trabajan incansablemente para lograrlo.

Y estas personas no son ajenas a nuestro círculo cercano. Somos cada una y cada uno de nosotros que se anima a decir "¡Basta!" a las inequidades que incontablemente se han visto en los lugares de trabajo, y en la sociedad en general. Somos esos y esas que vimos que discriminaban a alguien por ser gay y lesbiana y nos callamos por miedo a que nos asocien, y nos aíslen después, o nos nieguen una promoción. Somos todas esas personas con una capacidad de ocultar durante años lo que sentíamos o a quién amábamos porque "eso no está bien".

Somos la sociedad que pelea por el matrimonio igualitario, que castiga la violencia de género, que pretende romper con los estereotipos, que busca un mundo más sostenible, libre y humano en todos los sentidos. En fin, somos todas y todos aquellos que nos animamos no solo a salir del clóset, sino a estallarlo para siempre.

COMIENZA EL PROCESO RESPONDIENDO ESTAS PREGUNTAS PODEROSAS.

1. ¿Qué tienes miedo de descubrir a lo largo de este proceso como líder coach? ¿Qué preguntas deberías hacerte que no te estás haciendo?
2. ¿Qué características de tu personalidad o estilo de liderazgo estás dispuest@ a eliminar, incorporar o modificar para llevar a cabo este proceso?
3. ¿Tu intención es realmente empoderar a las personas, o lo haces por un beneficio personal? ¿Realmente estás haciendo tu mejor esfuerzo para lograrlo?
4. ¿Reconoces que exista alguna creencia limitante que pueda demorar este proceso? En caso afirmativo: ¿Cuál puede ser el primer paso para reemplazarla por una creencia potenciadora?
5. ¿Eres plenamente consciente del poder del lenguaje? ¿Cómo puedes enfocar tus palabras, pensamiento y formas de conversar con tus equipos y llevar las reuniones?
6. De las capacidades mencionadas, ¿Cuál crees que tienes más desarrollada? ¿cuál es la que debes potenciar?
7. Luego de haber transitado este proceso, ¿has identificado potenciales aliados y aliadas en tu organización que pueden apoyarte a desarrollar una organización más inclusiva? ¿Y organizaciones fuera de tu organización?
8. ¿Están todas las personas de la compañía a bordo de este proceso? ¿Crees que puede haber algunas personas en contra? En ese caso, ¿cómo podrías empezar una conversación para que puedan observar objetivamente los beneficios de la gestión de la diversidad?
9. Recuerda que en el capítulo 4 mencionamos la "Guía para medir la diversidad", asegúrate de descargarla en el siguiente link. ¿Ya estás list@ para conocer el grado de inclusión de tu organización?
10. ¿Qué otras habilidades o recomendaciones se te ocurren para implementar la rutina inclusiva? Compártelas conmigo en las redes sociales o por e-mail escribiéndome a diego@coachmap.me

CONCLUSIONES

EL INCLU-TIP, DIVER-TIP

No quedan dudas de que, si aún no lo han hecho, HOY es el mejor día para que las empresas se atrevan a "salir del clóset", y comiencen a valorar la importancia de incorporar la diversidad e inclusión como parte de la estrategia de crear valor, para reclutar y retener los mejores talentos. De esta forma no sólo se logrará mejorar los beneficios económicos sino también los intangibles y la forma en que es percibida la empresa por el resto de la sociedad. Incorporar la importancia del capital intelectual y el valor humano como parte de la cultura organizacional se ha convertido en una cualidad vital de las nuevas empresas sociales para navegar en un contexto actual dominado por la complejidad y la velocidad de la toma de decisiones.

Recordemos también que las personas (en especial las generaciones más jóvenes) ya están teniendo estas conversaciones. Son nuestros embajadores de marca, por lo que debemos brindarles un espacio que respete sus intereses y se adapte a las tendencias mundiales de incorporar al foco de la rentabilidad, el foco del medio ambiente y el respeto a los derechos humanos. Nuestra empresa no puede voltear la vista hacia otro lado. Toda esta información sale en las redes sociales, está en la mente de todos. De lo que comuniquemos dependerá el compromiso, productividad y retención de los talentos.

Es momento que las empresas salgan del letargo, rompan paradigmas y tomen conciencia sobre los beneficios de ser una compañía inclusiva. Hemos comprobado a lo largo de estas páginas que la inclusión promueve el sentimiento de pertenencia, de trabajar con un sentido y fomentando el bienestar de las personas, mientras que la diversidad promueve la creatividad, la capacidad de resolución y la innovación. Ambas son un elemento clave para alcanzar la equidad, al tiempo que permiten maximizar los beneficios para la organización y cada uno de sus talentos.

Para lograr ese fin se ha presentado una descripción de las mejores prácticas para crear un lugar de trabajo inclusivo, tomando como base la experiencia de las empresas líderes en el mercado en lo que respecta a este tema. Hemos visto la importancia de romper silos, compartiendo ideas y opiniones de personas de otras áreas y culturas, así como comunicar constantemente los valores, códigos de ética y políticas de igualdad de oportunidades dentro de la organización. Cuidar el proceso de reclutamiento, gestionando los sesgos inconscientes, es un paso clave para asegurar la entrada de los mejores talentos diversos.

Hemos definido los pasos para instaurar un primer Grupo de Recursos de Empleados con el fin de crear espacios seguros para empleados que comparten ciertas características en común, y la importancia de buscar personas claves, los Key Sponsors, que permitan comenzar a mover las relaciones necesarias para promover la gestión de la diversidad y definir un primer Concejo de Diversidad. Este Concejo será encargado de desarrollar la agenda, realizar encuestas, medir el grado de inclusión e ir proponiendo acciones para garantizar el desarrollo de las gestiones y el avance de los ERGs.

Para facilitar esta parte del proceso, se ha creado la **'Guía práctica para medir la diversidad'** que pueden bajar en www.diegotomasino.com. Los resultados de esta les permitirán a las empresas poder medir el estatus actual frente a los esfuerzos de diversidad e inclusión, y definir medidas para accionar y potenciar las gestiones del **Diversity Manager** y de la organización en su conjunto. Facilitará también la implementación de talleres de formación en temas de inclusión dependiendo el grado de conocimiento general, así como la toma de decisiones que afecten tanto a nivel interno como externo.

Las empresas deben ser conscientes de que el éxito de la implementación de estas nuevas políticas de diversidad dependerá en gran medida del grado de involucramiento del C-**Level** o altos mandos. De por sí, ya se ha comentado que estas personas son las principales encargadas de poner en la agenda y dar seguimiento al tema de construir sobre la inclusión del colectivo LGBT, siendo conscientes de que esto permite afianzar la cultura organizacional, fomentando lugares seguros para todos sus empleados. De esta forma, se logra que el compromiso con el tema se refleje en todos los niveles de la organización.

Es en este punto que llega el paso más importante a efectos de seguir ganando impulso en el desarrollo de un ambiente inclusivo: que todos sus líderes se encuentren desarrollando herramientas de coaching ejecutivo y liderazgo trascendente. Si la organización no cuenta con personas que posean estas habilidades, una opción es incorporar coaches ejecutivos externos que puedan ayudar a desarrollar dos aspectos principales de sus líderes.

Por un lado, trabajar los sesgos y prejuicios que puedan venir por sus creencias limitantes (o su contexto social, como pueden ser mentalidades machistas, tradicionalistas o extremamente religiosas) y, por el otro, potenciar aptitudes vitales para el proceso de inclusión como lo son el autoconocimiento, la empatía, el manejo de emociones, la escucha activa y la comunicación asertiva.

Una vez que se logra formar una masa crítica de líderes ejecutivos con una mentalidad abierta a la diversidad, es su responsabilidad replicar el modelo en sus equipos de trabajo y el resto de los talentos, a lo largo y ancho de la organización. Es momento de aumentar el grado de conciencia de las colaboradoras y colaboradores sobre la importancia para el negocio de la diversidad, y el papel que pueden desempeñar en la construcción de una cultura de inclusión.

Con la ayuda de herramientas de Coaching Ejecutivo los líderes de la nueva organización estarán mejor preparados para desafiar al resto de los talentos a velar por el mantenimiento de ambientes inclusivos, y abrir sus mentes en pro de la diversidad, tanto etnocultural como de género. Para facilitar esta parte del proceso, se ha creado la 'Guía práctica para medir la diversidad' que pueden bajar en www. diegotomasino.com.

Finalmente, quiero destacar la importancia de que en este camino ni la organización ni sus líderes deben perder su AUTENTICIDAD. En algún momento destaqué el hecho de que no es suficiente incorporar personas de diferentes contextos, géneros o edades para decir que una empresa está siendo diversa. Por ejemplo, poner la bandera LGBTQ en nuestros logos no nos hace inclusivos si no vivimos esos valores. El verdadero desafío que afrontamos hoy es convertir a la diversidad, la inclusión y la equidad en el motor de crecimiento de las organizaciones.

El lograr que temas de políticas y beneficios de las minorías estén en la agenda de los líderes, la gerencia y a lo largo de todos los asuntos internos, logrará que estos temas permeen en el resto de las personas hasta que inconscientemente un día ya formen parte del ADN de la organización. El lograr vivir estos valores desde el interior, es decir, poder crear un lugar seguro para todas las personas que la integran, llevará a movilizar hacia un mejor futuro a toda su cadena de valor, a sus **stakeholders**, y, en definitiva, a la sociedad en su conjunto. Las empresas se han convertido en agentes de cambio, por lo que tienen la obligación moral de cubrir las situaciones de injusticia en aquellos países donde los derechos sociales aún no llegan.

Esta es la razón principal para actuar HOY, incluso si no te consideras diferente, no formas parte de la comunidad LGBTI o no te sientes parte de ninguna minoría. Que quede claro que todos pagamos el precio de ocultar nuestros verdaderos colores, o el de limitar el brillo de las demás personas. **Todes** tenemos una mejor oportunidad de prosperar en entornos diversos e inclusivos que permitan desarrollarnos e impulsen el intercambio de ideas y creencias. El simple hecho de ser empáticos y ponernos en el lugar de los demás, de escucharlos y hacerlos parte es lo que hace toda la diferencia.

No es necesario compartir una característica para entender que debemos hacerle frente al racismo, la xenofobia, los feminicidios, la transfobia o cualquier otro tipo de miedo irracional contra una característica establecida en la Declaración Universal de los Derechos Humanos.

Todavía estamos a tiempo de lograr un mundo que pueda coexistir en paz, sin prejuicios ni barreras mentales que limiten la integración humana. Y queda en nosotros, todas y todos los líderes de la diversidad, responsables de las empresas que dirigimos, ser aquellos agentes de cambio. Es nuestra responsabilidad transmitir el mensaje, ayudar a las personas a abrir sus mentes, derribar las creencias limitantes y fundar las bases de organizaciones donde todas las personas se puedan sentir orgullosas de ser diferentes.

BIBLIOGRAFÍA

- A.P. Moller -Maersk (2018). *Diversity and Inclusion – Leadership Update"*. Guía Interna Confidencial.
- A.P. Moller -Maersk (2018). *Managing Unconscious Bias in Talent Management Leaders Guide*. Guía Interna Confidencial.
- Ayudacoach: *Cómo nos afectan Creencias y Valores* (online) http://ayudacoach.com/ como-nos-afectan-creencias-y-valores/. Fecha de consulta: 19/08/2018
- Barranco, María S. Martín. El Blog del Especialista. "Diferencias entre equidad e igualdad". (online) https://especialistaenigualdad.blogspot.com/2013/10/diferencias-entre-equidad-e-igualdad.html Fecha de consulta: 25/02/2020
- Bernal, Roberto (2010). *Taxi para el éxito. La travesía del coaching para emprendedores*. Editorial Roberto Bernal
- Bersin, Josh (2019). Why Diversity and Inclusion Has Become a Business Priority. (online) https://joshbersin.com/2015/12/why-diversity-and-inclusion-will-be-a-top-priority-for-2016/ Fecha de consulta: 12/04/2020
- Bonyuet, Derrick. *How Employee Resource Groups Create Value for the Organizations*. http://www.aabri.com/OCProceed2018/OC18021.pdf Fecha de consulta: 20/11/2019
- Brown, Jennifer. *Executive Sponsors. Fuel High-Performing ERG*. (online) http: jenniferbrownconsulting.com/wp-content/uploads/2015/05/JBC_Executive_Sponsor_White_Paper-May-2015.pdf Fecha de consulta: 20/03/2020
- Buda Marketing. *Lenguaje inclusivo en redes sociales. La nueva estrategia para las empresas*. (online) https://budamarketing.es/lenguaje-inclusivo-en-redes-sociales-la-nueva-estrategia-para-las-empresas/ Fecha de consulta: 20/03/2020
- Casanova, Myrtha. (2008). *Diversidad, fuente de innovación y conocimiento*. I Congreso Internacional Alares.
- Castillo, Javier (2016). *Diversidad laboral: los beneficios de ser una empresa inclusiva.* https://www.occ.com.mx/blog/diversidad-laboral-empresa-inclusiva/. Fecha de consulta: 20/08/2018
- Coaching Ruth. *Creencias potenciadoras vs Creencias limitantes* (online) http://coachingruth.com/creencias-potenciadoras-vs-creencias-limitantes-3/-

Fecha de consulta 30/03/2020

- DELL (2018). *Guía de Gestión de Diversidad en DELL.* Documento Confidencial.
- Deloitte 2015. *High-Impact Talent Management* (online) https://www2. deloitte.com/us/en/pages/human-capital/topics/bersin-hr-news-events.html Fecha de consulta: 12/04/2020
- Deloitte 2019. *Global Human Capital Trends 2019.* (online) https://www2. deloitte.com/content/dam/insights/us/articles/5136_HC-Trends-2019/DI_HC-Trends-2019.pdf Fecha de consulta: 10/04/2020
- Desjardins, Jeff. (2019). *Meet Generation Z: The Newest Member to the Workforce.* https://www.visualcapitalist.com/meet-generation-z-the-newest-member-to-the-workforce/. Fecha de consulta: 14/07/2019
- Diversity Best Practices (2016). Digging Deep: Tips and Tools for D&I Champions (online) https://www.diversitybestpractices.comsites/diversitybestpractices.com/files/attachments/2016/11/postelectiondbptoolsandguides.pdf Fecha de consulta:12/04/2020
- DiversityInc (2018). *The 2018 DiversityInc top 50 companies for diversity* (online). https://www.diversityinc.com/st/DI_Top_50. Fecha de consulta: 28/07/2018
- Domínguez, Vanesa. *¿En qué consiste ser asertivo?* (online). https://www.psicoactiva.com/blog/en-que-consiste-ser-asertivo/ Fecha de consulta: 30/04/2020
- Entrepreneur: *¿Qué son las compañías unicornio?* (online) https://www.entrepreneur.com/article/268414 Fecha de consulta: 28/02/2020
- Escuela Europea de Management: *Empatía laboral en el liderazgo: ¿por qué importa tanto?* (online) http://www.escuelamanagement.eu/habilidades-de-liderazgo-2/empatia-laboral-liderazgo-importa-tanto. Fecha de consulta: 29/03/2020
- Frankel, Barbara (2014). *5 Reasons Your CEO Should Chair Your Diversity Council* (online). https://www.diversityincbestpractice/s.com/5-reasons-your-ceo-should-chair-your-diversity-council-2505484510.html. Fecha de consulta: 05/08/2018
- Gallup: *"Using Employee Engagement to Build a Diverse Workforce".* Link: https://news.gallup.com/opinion/gallup/190103/using-employee-engagement-build-diverse-workforce.aspx Fecha de consulta: 02/02/2020
- *Guía para la Gestión de la Diversidad en Entornos Profesionales* (2011). Publicación oficial del Ministerio de Trabajo e Inmigración de España (online).

https://www.researchgate.net/publication/289525247_Guia_para_la_Gestion_de_la_Diversidad_en_entornos_profesionales Fecha de consulta: 18/04/2020

- *Guía sobre estrategias de comunicación incluyente*. Gobierno de Navarra, 2009. http://www.navarra.es/NR/rdonlyres/8346E44F-1C60-4850-AAC8-7934034AB5C6/118955/GUIADECOMUNICACION1213.pdf Fecha de consulta: 17/03/2020

- Hace Sentido: "*Cómo lograr que "romper silos" sea más que una intención*". (online) https://hacesentido.com/capitalsocial/ Fecha de consulta: 24/02/2020

- Harvard Business Review (2013). **How Diversity Can Drive Innovation**. (online) https://hbr.org/2013/12/how-diversity-can-drive-innovation. Fecha de consulta: 02/02/2020

- Harvard Business Review (2014). **What VUCA Really Means for You**. (online) https://hbr.org/2014/01/what-vuca-really-means-for-you. Fecha de consulta: 02/05/2020

- Harvard Business Review (2018). **How and Where Diversity Drives Financial Performance**. (online) https://hbr.org/2018/01/how-and-where-diversity-drives-financial-performance. Fecha de consulta: 02/02/2020

- Harvard Business Review (2020). **Begin with Trust**. (online) https://hbr.org/2020/05/begin-with-trust Fecha de consulta: 25/05/2020

- Human Rights Campaign Study (2014). **The cost of the clóset and the rewards of inclusion**. (online). http://www.hrc.org/resources/the-cost-of-the-closext-and-the-rewards-of-inclusion. Fecha de consulta: 28/07/2018

- Informe sobre el lenguaje no sexista en el Parlamento Europeo. (online) http://www.fademur.es/_documentos/Informe-Eurocamara-Lenguaje-sexista.pdf. Fecha de consulta: 20/03/2020

- Instituto de la Mujer y para la Igualdad de Oportunidades. **Guía Práctica de Comunicación Incluyente**. Información completa en www.igualdadenlaempresa.es.

- Instituto Europeo para la Gestión de la Diversidad (IEGD). **Gestión de la Diversidad en Empresas e Instituciones** (online) http://www.iegd.org/spanish800/gestion.htm Fecha de consulta: 26/04/2020

- Jericó, P. (2018). **Los beneficios de ser una empresa que ondea con orgullo la bandera LGTB.** (online). https://www.pilarjerico.com/los-beneficios-de-ser-una-empresa-que-ondea-con-orgullo-la-bandera-lgtbi. Fecha de consulta: 28/07/2018

- Kirwan Institute for the Study of Race and Ethnicity. **Understanding Implicit Bias.** (online) http://kirwaninstitute.osu.edu/research/understanding-implicit-bias/ Fecha de consulta: 05/08/2018

- Neuro Quotient: **Anclas y anclajes de PNL ¿cómo y por qué funcionan?** (online). https://neuroquotient.com/anclas-y-anclajes-de-pnl-como-y-por-que-funcionan-programacion-neurolinguistica-3/ Fecha de consulta: 29/03/2020

- Núñez, Antonio (2007). **¡Será mejor que lo cuentes! Los relatos con herramientas de comunicación.** Ed. Empresa Activa.

- Procter & Gamble. **The Words Matter: One Voice Can Make a Difference** (online). https://www.youtube.com/watch?v=xG7qPd27-ws&feature=emb_title Fecha de consulta: 04/10/2020

- Psicología y Mente: Escucha activa: **La clave para comunicarse con los demás** (online) https://psicologiaymente.com/social/escucha-activa-oir Fecha de consulta: 29/03/2020

- Red Acoge. **Índice de la Gestión de la Diversidad e Inclusión** (online) http://indicediversidad.org/wp-content/uploads/2019/05/III_Indice_Diversidad-e-Inclusi%C3%B3n.pdf Fecha de consulta: 18/04/2020

- ReWork: Guide. **Use structured interviewing.** (online) https://rework.withgoogle.com/guides/hiring-use-structured-interviewing/steps/know-the-components/ Fecha de consulta: 02/02/2020

- Ruiz, Miguel Angel (1997). **Los Cuatro Acuerdos (Un libro de la sabiduría tolteca).** Ediciones Urano.

- Schwab, Klaus (2016). **The Fourth Industrial Revolution.** World Economic Forum.

- Sinek, Simon (2010). TED Talk. **How great leaders inspire action.** (online) https://www.youtube.com/watch?v=qp0HIF3Sfl4 Fecha de consulta: 05/20/2019

- Traub, Leslie (2013). **Bias in performance management review process.** (Online) http://www.cookross.com/docs/unconsciousbiasinperformance2013.pdf Fecha de consulta: 12/04/2020

- Twitter @RAEinforma (online) https://twitter.com/raeinforma/status/955704857138225157?lang=es Fecha de consulta: 20/03/2020

- United Nations – Human Rights (2018). **Standards of conduct for business: Tackling Discrimination against Lesbian, Gay, Bi, Trans, & Intersex People.** (online) https://www.unfe.org/wp-content/uploads/2017/09/UN-Standards-of-Conduct-Summary.pdf Fecha de consulta: 05/08/2018

- Vázquez, Roberto y Bongianino, Claudia (2005). **Los intangibles y la**

Contabilidad. Ediciones Errepar.

- Vital Coaching. **Empatía: Clave para el liderazgo** (online) https://www.vitalcoachingbarcelona.com/empatia-clave-para-el-liderazgo/ Fecha de consulta: 29/03/2020
- Vogt, Eric; Brown, Juanita; e Isaacs, David. **The art of powerful questions: Catalyzing Insight, Innovation and Action**. Whole Systems Associates.
- World Economic Forum: **The 10 skills you need to thrive in the Fourth Industrial Revolution** (online) https://www.weforum.org/agenda/2016/01/the-10-skills-you-need-to-thrive-in-the-fourth-industrial-revolution/ Fecha de consulta: 29/03/2020

GLOSARIO

Asexual: Persona que no experimenta atracción sexual hacia ninguno de los dos sexos. Ser asexual es una **orientación sexual.**

Bisexualidad: Es un comportamiento y orientación sexual que involucra atracción física y/o romántica hacia personas de ambos sexos. Ser bisexual es una **orientación sexual.**

Bottom Line: Resultado económico final de la empresa: Ingresos menos costos menos gastos e impuestos.

C-Level: Nivel de los altos mandos, que incluye, sin limitar: CEO (**Chief Executive Officer**), CDO (**Chief Diversity Officer**), CFO (**Chief Financial Officer**), CHRO (**Chief Human Resources Officer**), COO (**Chief Operating Officer**), CTO (**Chief Technical Officer**).

Cisgénero: Término que es utilizado para hacer referencia a aquellos individuos cuya identidad de género coincide con su fenotipo sexual. Lo opuesto a cisgénero es denominado transgénero.

Coaching: Proceso de acompañamiento reflexivo y creativo con clientes que, mediante preguntas poderosas, les inspira a maximizar su potencial personal y profesional.

D&I: *Diversity and Inclusion* o Diversidad e Inclusión

Dinero Rosa, Dólar Rosa o Pink Money: Hace referencia al poder adquisitivo de la comunidad LGBTQ. La demanda de estos servicios surge de la percepción difundida de discriminación y homofobia por parte de los negocios tradicionales.

DINK o dinky: *Double Income No Kids* o Doble Sueldo Sin Hijos. Se refiere a un hecho social en el cual parejas sin hijos deciden posponer la paternidad de forma indefinida, incluso renunciando a ella.

Drag Queen: Artista masculino (o género no binario) que actúa vestido con atuendos propios de mujer (peluca, zapatos de plataforma, etc.) y exhibe maneras exageradamente femeninas. Ser drag queen no necesariamente indica ser transgénero o transexual.

Drag King: Del mismo modo que las **drags queens** suelen ser hombres que juegan con la ilusión de parecer mujeres, los drags kings quieren resaltar o mostrar exageradamente su lado más masculino.

EEO: Equal Employment Opportunity o Igualdad de Oportunidades Laborales.

ERG: Employee Resource Group o Grupo de Recursos de Empleados. Buscan proporcionar apoyo, mejorar el desarrollo profesional y contribuir al desarrollo personal en el entorno de trabajo. Tradicionalmente se centraban en rasgos de personalidad o características de grupos subrepresentados, pero se están expandiendo a grupos "basados en intereses".

Expresión de género: es el modo en que cada uno elige expresar su identidad de género. Se manifiesta a través del nombre, la vestimenta, las actitudes, etc.

Gay: Termino que se utiliza para hacer referencia a un hombre homosexual que siente atracción sexual, física, emocional y sentimental únicamente hacia los hombres. Ser gay es una orientación sexual. En inglés "gay" significa "feliz". El término fue popularizado en 1939 por el actor Cary Grant en la película "Bringing up Baby" (1938).

Género: Es una construcción social asociada a la división binaria del sexo biológico. Según la Organización Mundial de la Salud el género se refiere a los conceptos sociales de las funciones, comportamientos, actividades y atributos que cada sociedad considera apropiados para los hombres y las mujeres.

Genderfluid (género fluido): Designa a aquellos individuos de identidad genderqueer que rotan su identidad de género, adecuándose a su sentir o al contexto social o personal.

Genderqueer: Corresponde a los individuos que se identifican de una manera diferente a los géneros binarios; como una mezcla de ambos géneros binarios (bigénero), un tercer género, un género neutro o nulo (agénero) o todos los géneros (pangénero).

Heteronormatividad: Sesgo cultural a favor de las relaciones heterosexuales, las cuales son consideradas "normales, naturales e ideales" y son preferidas por sobre relaciones del mismo sexo o del mismo género. Se compone de reglas jurídicas, sociales y culturales que obligan a los individuos a actuar conforme a patrones heterosexuales dominantes e imperantes.

Heterosexual: Persona cuya interacción o atracción sexual, afectiva, emocional y sentimental es hacia individuos de un sexo diferente al suyo.

Homosexual: Es la interacción o atracción sexual, afectiva, emocional y sentimental hacia individuos del mismo sexo.

Identidad de género: Es la vivencia del género tal como una persona lo siente. No tiene por qué corresponderse con el sexo biológico.
Intersexual: Persona que nace con una combinación de características biológicas masculinas y femeninas, por lo que la definición de su sexo biológico resulta ambigua. La intersexualidad es una condición biológica.

Lesbiana: Termino que se utiliza para hacer referencia a una mujer homosexual que siente atracción sexual, física, emocional y sentimental únicamente hacia las mujeres. Ser lesbiana es una orientación sexual.
LGBTI: Acrónimo para definir el colectivo social que comprende a Lesbianas, Gay, Bisexual, Transexual e Intersexual. Algunas deficiones incorporan otras letras para ampliar el grupo: Transgénero, Travesti y Queer (LGBTTTIQ).

No Binario: Espectro de identidades basadas en el rechazo a la asunción binaria de género como una opción excluyente de manera estricta entre macho/hombre/masculino o hembra/mujer/femenino, con base en el sexo asignado al nacer.

Orientación sexual: Es la atracción física, emocional, erótica, afectiva y espiritual que siente una persona por otra.

Pansexual: La pansexualidad es una orientación sexual humana, definida como la atracción romántica o sexual hacia otras personas independientemente de su género o sexo.

Pinkwashing: Término que viene del inglés Pink (rosa), y Whitewash (blanquear o encubrir), técnicamente "lavado rosa". Refiere a la variedad de estrategias políticas y marketing dirigidas a la promoción de instituciones, personas, productos o empresas apelando a su condición de simpatizante LGBT con el falso objetivo de ser percibidos como progresistas, inclusivos, modernos y tolerantes.

PNL o Programación Neuro Lingüística: Estudio de nuestros patrones mentales. Nuestros pensamientos están conformados de palabras, de lenguaje, y este lenguaje califica lo que nos rodea con palabras y estas crean un programa en nuestro cerebro.

Queer: Persona que vive su identidad de género y su orientación sexual de manera fluida, sin sentir la necesidad de adoptar ninguna denominación en particular. Por ello, una persona queer transita entre la identidad de género, la expresión de género y la orientación sexual.

Rapport: Remite a la sincronización entre dos o más personas que permite establecer una relación armónica.

Sesgo implícito (unconscious bias): Existe cuando las personas inconscientemente tienen actitudes hacia otros o asocian estereotipos con ellos. Estos sesgos, que abarcan evaluaciones favorables y desfavorables, se activan involuntariamente y sin el conocimiento o control intencional de un individuo.

Sexo biológico: Está asociado a aspectos físicos que se pueden observar de forma objetiva (órganos, hormonas, cromosomas, etc.)

Stakeholder: En el ámbito empresarial, significa 'parte interesada', y que refiere a todas aquellas personas u organizaciones afectadas por las actividades y las decisiones de una empresa: empleados, clientes, proveedores, accionistas, inversores, entes públicos, organizaciones no gubernamentales o civiles, sindicatos y la comunidad en general.

Techo de Cristal o Glass Ceiling: Se trata de un techo que limita las carreras profesionales de algunas personas, difícil de traspasar y que les impide seguir avanzando. Es invisible porque no existen leyes o dispositivos sociales establecidos oficiales que impongan una limitación explícita en la carrera laboral a las mujeres o minorías organizacionales.

Transexual: Persona cuya biología no corresponde con su identidad de género y que puede realizar un cambio en ella para adecuarla. Estas personas inician el proceso de transición, que basa en adaptar su cuerpo mediante una terapia hormonal que suele finalizar con la comúnmente denominada intervención quirúrgica de reafirmación de sexo. La transexualidad es una identidad de género.

Transgénero: Término que define a personas cuya identidad de género, expresión de género o conducta no se ajusta a aquella generalmente asociada con el sexo que se les asignó al nacer. Las personas transgénero no se han sometido a una cirugía de reafirmación de sexo y no todas las personas transgénero desean someterse a dicho cambio de sexo. La transgeneridad es una identidad de género.

Travesti: Persona que utiliza un performance de género considerado distinto al suyo, sin que ello implique una orientación/preferencia homosexual. El travestismo es una expresión de género.

Unicornio: Startup con una valuación de más de 1.000 millones de dólares USD (e.g. Facebook, Uber, Airbnb, Snapchat, Pinterest).

AGRADECIMIENTOS

Debo confesar que cuando comenzó el 2020 no visualizaba que iba a finalizar con la edición de este libro. Sin embargo, la cuarentena vino a poner un freno de calidad en mi vida, y replantear muchas de las prioridades de mi agenda.

Un sábado de marzo, en mi escritorio improvisado en el balcón, **gin-tonic** en mano, decidí retomar este proyecto, cuya idea había nacido casi hace 10 años, se afianzó hace 3, pero junté el coraje de empezarlo un poco antes de mudarme a Miami.

En este camino muchas personas tocaron mi vida, y han ido formando mi personalidad en tantos momentos compartidos y que no puedo dejar de agradecer por haber sido parte de las experiencias que llevaron a construir y lanzar mi primer libro.

A Pablo De Luca y Gustavo Noguera, por abrir las puertas de la Cámara de Comercio y GNetwork desde hace 4 años. Por invitarme no sólo a participar, sino por ser de los primeros en confiar en mi como expositor en temas de Diversidad. También a todas y todos con los que compartí estos eventos, las cenas, las charlas y los viajes.

A Convive Panamá, Pride Connection, Global Shapers y a todas las personas que día a día luchan por una región más libre de prejuicios y discriminación. Me llena de orgullo pensar en todo lo que hemos avanzado desde aquel café con Guillermo Cedeño donde nació la idea de Diversidad Empresarial, y el Primer Congreso de Prácticas Ejemplares. Cada día estamos más cerca de un Panamá que realmente sea más inclusivo y consistente con su lema "pro mundi beneficio".

A las seis personas que se animaron a compartir sus testimonios que abren cada capítulo. No es fácil animarse a recordar algunos momentos que nos ponen en la cuerda floja, y nos obligan a estallar el clóset. Quiero destacar por sobre todo a Antonio Aracre, que sin conocerme se animó a confiar en mí, ser parte de este proyecto, y demostrar que el empresariado latinoamericano está preparado para tener líderes LGBTQ.

Al equipo Casin, porque muchas veces han sido parte de la experiencia de cómo estas prácticas y políticas se ponen en marcha y me han acompañado en las iniciativas que creamos juntos. Cada día soy un mejor líder gracias a ustedes. Gracias Luis y Mati por la oportunidad de empezar mi carrera en el exterior, y confiar en mi luego de sincerarme con ustedes.

A Anita, Romi, René y la familia CoachMap. Un equipo que hace años venimos trabajando juntos, emprendiendo, mutando, aprendiendo, creciendo. Gracias por ayudarme a seguir haciendo el coaching más fácil.

A AURUM Books, Aleyso Bridger, Juan Soto, Pablo Soler, Robinson Ospina, Ricardo Mejia y todo el equipo que confiaron en la idea y trabajaron bajo reloj en la edición y diseño para lanzar este proyecto en tiempo récord. Gracias por ser parte de mi primera experiencia como escritor y hacerla tan amena, llevándome a romper mis propios paradigmas y conceptos. Gracias Noris por ser el nexo, fuiste mi Puente de las Américas.

A mis Unicornios y mis Clandestinos. Mi familia a la distancia, mi apoyo incondicional, y que siempre me animan a experimentar y preguntarme "¿por qué no?". Un "shout out" especial para Joan Marie Godoy, por ser esa persona que desde el minuto uno en que la conocí me patea diariamente fuera de mi zona de confort. Ya hemos empezado grandes cosas juntos, y seguro vendrán muchas más.

Y finalmente a mi familia, que pensaban que en 6 meses volvía a mi Ezpeleta querida, y acá estoy. Gracias Robert y Susy por demostrar que el amor es incondicional. Gracias Erick, por elegirme cada día y acompañarme en cada proyecto, en cada viaje, en cada abrazo.

Gracias a vos, que independientemente de tu orientación sexual o identidad de género, crees que hacer un mundo más diverso e inclusivo es posible para todos, todas y todes.

Made in the USA
Columbia, SC
27 May 2024

35852421R00109